AF307376

Paul-Alexander Zimmermann

Die Sicherungsrechte der Kreditpraxis im europäischen Vergleich

Raumsicherungsübereignung gegen floating charge

Zimmermann, Paul-Alexander: Die Sicherungsrechte der Kreditpraxis im europäischen Vergleich. Raumsicherungsübereignung gegen floating charge, Hamburg, Bachelor + Master Publishing 2014

Originaltitel der Abschlussarbeit: Die Sicherungsrechte der floating charge und der Raumsicherungsübereignung – Eine vergleichende Darstellung aus Sicht der Kreditinstitute

Buch-ISBN: 978-3-95820-082-1
PDF-eBook-ISBN: 978-3-95820-582-6
Druck/Herstellung: Bachelor + Master Publishing, Hamburg, 2014
Coverbild: pixabay.com
Zugl. Fachhochschule Mainz, Mainz, Deutschland, Masterarbeit, Januar 2014

Bibliografische Information der Deutschen Nationalbibliothek:
Die Deutsche Nationalbibliothek verzeichnet diese Publikation in der Deutschen Nationalbibliografie; detaillierte bibliografische Daten sind im Internet über http://dnb.d-nb.de abrufbar.

Das Werk einschließlich aller seiner Teile ist urheberrechtlich geschützt. Jede Verwertung außerhalb der Grenzen des Urheberrechtsgesetzes ist ohne Zustimmung des Verlages unzulässig und strafbar. Dies gilt insbesondere für Vervielfältigungen, Übersetzungen, Mikroverfilmungen und die Einspeicherung und Bearbeitung in elektronischen Systemen.

Die Wiedergabe von Gebrauchsnamen, Handelsnamen, Warenbezeichnungen usw. in diesem Werk berechtigt auch ohne besondere Kennzeichnung nicht zu der Annahme, dass solche Namen im Sinne der Warenzeichen- und Markenschutz-Gesetzgebung als frei zu betrachten wären und daher von jedermann benutzt werden dürften.

Die Informationen in diesem Werk wurden mit Sorgfalt erarbeitet. Dennoch können Fehler nicht vollständig ausgeschlossen werden und die Diplomica Verlag GmbH, die Autoren oder Übersetzer übernehmen keine juristische Verantwortung oder irgendeine Haftung für evtl. verbliebene fehlerhafte Angaben und deren Folgen.

Alle Rechte vorbehalten

© Bachelor + Master Publishing, Imprint der Diplomica Verlag GmbH
Hermannstal 119k, 22119 Hamburg
http://www.diplomica-verlag.de, Hamburg 2014
Printed in Germany

Inhaltsverzeichnis

Abkürzungsverzeichnis

Aufl.	Auflage
Abs.	Absatz
AG	Amtsgericht
Anwaltshdb.	Anwaltshandbuch
BGB	Bürgerliches Gesetzbuch
Ergänz.	Ergänzungslieferung
InsO	Insolvenzordnung
Kap.	Kapitel
Ltd.	Limited
NZI	Neue Zeitschrift für das Recht der Insolvenz und Sanierung
Rn.	Randnummer
Top.	Topic
ZIP	Zeitschrift für Wirtschaftsrecht

A. <u>Einleitung</u>

Die Thematik der zu betrachtenden Sicherungsrechte ist, auch wenn von der gesetzlichen Normierung nicht erfasst, von hoher Bedeutung für die nationale und internationale Kreditpraxis. [1] [2]. Aufgrund immer größerer globaler Verknüpfungen ist das Bestehen und Handeln eines Wirtschaftsunternehmens ohne ausreichende finanzielle Mittel undenkbar. Aus diesem Grund sind viele Unternehmen auf fremdes Kapital angewiesen.[3] Sicherungsrechte im Allgemeinen eröffnen für Banken und Kreditinstituten die Möglichkeit, solche Unternehmen mit Darlehen und Kredite zu versorgen, ohne sich dem Risiko eines Kreditausfalls ausgesetzt zu sehen.

Gerade aufgrund der zunehmenden Globalisierung kann sich ein Kreditinstitut nicht mehr ausschließlich auf das anvertraute Rechts- und Sicherungssystem fokussieren. Eine Betrachtung von allumfassenden Sicherungsrechten anderer Staaten ist für Kreditinstitute ebenso von essentieller Bedeutung, wie die eigenen.

Ziel dieser Masterarbeit ist es, eine Gegenüberstellung von Tragweite und Bedeutung der global auftretenden Kreditpraxis zu den bestmöglichen Sicherungsrechten am Beispiel der deutschen Raumsicherungsübereignung und der floating charge des Vereinigten Königreichs darzulegen und die jeweiligen Vor-, als auch Nachteile aus Sicht der Kreditinstitute zu analysieren und Lösungsansätze zu liefern.

Zu diesem Zweck sollen in einem ersten Schritt die herangezogenen Sicherungsinstrumente, deren entsprechende wirtschaftliche Besonderheiten für Kreditinstitute erläutert und die jeweilige Bedeutung der Sicherungsrechte in der Kredit- und Bankenpraxis dargestellt werden.

---

[1] Grädler, Die Möglichkeiten der globalen Belastung, Aufl. 2012, S.11
[2] Riggert, Die Raumsicherungsübereignung, NZI 2000/241, Top I
[3] Grädler, Die Möglichkeiten der globalen Belastung, Aufl. 2012, S.1

Im Zuge dessen gilt eine besondere Beachtung der Ermittlung praktikabler Ansätze zur Lösung der häufig auftretenden Kollisionsfälle, wie zum Beispiel mit dem in der deutschen Kreditpraxis bekannten Vermieterpfandrecht.[4]

Ergänzend sollen eklatante Risiken der Sicherungsinstrumente in Vertragsgestaltung und Handhabung hervorgehoben und ein Ansatz zum besseren Umgang und Verwaltung für die Kreditpraxis entwickelt werden, um das Ausfallsrisiko möglichst gering zu halten und kalkulierbar zu machen.

Zusammenfassend soll die Arbeit demzufolge über zwei der wichtigsten Sicherungsinstrumente in der heutigen Banken- und Kreditpraxis informieren und eine Bewertung für die Praxis im Hinblick auf Umsetzbarkeit, Risiken und Problemstellungen geben. Dies erfolgt vor dem Hintergrund, dass Unternehmen und auch Kreditinstitute, vor allem innerhalb des europäischen Raums, auf einem globalen Markt agieren und die enge Betrachtung nur eines Rechtssystems nicht mehr dem Stand der Wirtschaft entspricht.

Es wird dargelegt, wie und warum sich Kreditinstitute in ihrer Tätigkeit auf einem global agierenden Markt mit Sicherungsinstrumenten sichern können und welche Bewertungskriterien und finanzielle Kennzahlen genutzt werden können um die Reife einer Sicherheit zu beurteilen.

Der Schlussteil der Arbeit stellt im Rahmen einer vergleichenden Veranschaulichung die Pflichten und rechtlichen Möglichkeiten der beiden Sicherungsrechte dar und setzt diese in Bezug zu der Banken- und Kreditpraxis. Hierbei soll gleichfalls die Überprüfung der Anwendbarkeit der floating charge innerhalb des deutschen Rechtssystems erfolgen.

---

[4] Googer, Insolvenzgläubiger-Handbuch, Aufl. 3, Rn. 97

B. <u>Das Deutsche Sicherungsrecht – Raumsicherungsübereignung</u>

Wie bereits in der Einleitung dargestellt, ist eine globale Ausrichtung des Unternehmens ein entscheidender Faktor für den unternehmerischen Erfolg. Unternehmen müssen somit häufig, um national wie auch international erfolgreich zu sein, expandieren und wachsen. Neue Investitionen und Anschaffungen sind somit unerlässlich um konkurrenzfähig zu bleiben. Diese Feststellung lässt sich spiegelbildlich ohne Einschränkung vom nationalen deutschen Markt auf einen globalen, europäischen Gesamtmarkt übertragen.

I. Allgemeiner Überblick

Die Quintessenz aus dieser Feststellung ist, dass die wirtschaftliche Entfaltung eines Unternehmens eng mit einem gewissen Eigenkapital verbunden ist, welcher gerade bei Unternehmen des Mittelstandes oft nicht vorhanden ist. Ein wirtschaftliches Wachstum geht jedoch einher mit ausreichenden finanziellen Mitteln, die oftmals nur im Rahmen von Fremd-und Außenfinanzierung erfolgen kann.[5] [6] Insofern kann eine solche Finanzierungslücke im Falle vieler Unternehmen nur durch die Inanspruchnahme eines Darlehens oder eines Kredites durch ein Kreditinstitut geschlossen werden. Dies ist aus der Sicht des Darlehensnehmers ein relativ einfacher und sicherer Weg in sein eigenes Unternehmen zu investieren, wenn die Möglichkeit zur Aufbringung von Eigenkapital nicht gegebenen ist.

Richtet man den Blick auf das Kreditinstitut, so wird klar, dass solche Kreditgeschäfte mit einem nicht unerheblichen Risiko verbunden sind. Verläuft ein Kreditgeschäft nicht wie geplant, so geht das Kreditinstitut das wirtschaftliche Risiko ein, mit seiner Forderung aus dem Kreditvertrag teilweise oder vollumfänglich auszufallen. Es bedarf demzufolge aus Sicht des Kreditinstitutes einer Besicherung, die davor schützen soll, einen vollen

---

[5] Grädler, Die Möglichkeiten der globalen Belastung, Aufl. 2012, S.1
[6] Eidenmüller, Ausländische Kapitalgesellschaften im deutschen Recht, Aufl.1 2004, Rn. 43

wirtschaftlichen Ausfall zu erleiden.[7] Dies deckt sich mit dem Interesse des Darlehensnehmers, durch eine hohe Sicherheit einen hohen und günstigen Kredit zu erhalten.[8] Es zeigt sich in der Praxis, dass Kredite umso günstiger werden, je werthaltiger die Sicherheit ausgestaltet ist.[9]

Um diesem Erfordernis der Besicherung auf Seiten der Kreditinstitute und anderweitiger Kreditgeber gerecht zu werden, hat die deutsche Lehre und Rechtsprechung eine Vielzahl von unterschiedlichen Sicherungsinstrumenten entwickelt, die den Erfordernissen der Wirtschaft Rechnung tragen und zugleich die Stellung des Kreditgebers verbessern. Im deutschen Recht wird vorrangig zwischen den sogenannten Personalsicherheiten und Realsicherheiten unterschieden. Personalsicherheiten sind Sicherheiten, die in einer natürlichen Person belegen sind und den Kreditgeber vor einem Ausfall schützen sollen, wie z.B. eine Bürgschaft, Garantie, Schuldbeitritt und Schuldübernahme.[10] Sie sind jedoch, gerade in der Banken- und Kreditpraxis, eher als untauglich einzustufen, da ihnen nur schwerlich ein Marktwert zugemessen werden kann. Insoweit müsste man sie, um sie für Kreditgeber kalkulierbar zu machen, an bestimmte Offenlegungspflichten des Sicherungsgebers knüpfen. Zudem ist fraglich, ob eine natürliche Person im Zweifelsfall für die gesamte Rück-zahlungslast aus einem Kredit aufkommen kann. Der Sicherungsnehmer müsste daher dem Sicherungsgeber ein extrem hohes Vertrauen entgegen-bringen, da die Sicherheit maßgeblich mit der Bonität des Sicherungsgebers zusammenhängt.[11]

Realsicherheiten als zweite große Gruppe auf der anderen Seite dienen der Sicherung durch die Belastung von Mobilien und Immobilien des Sicherungs-gebers zu Gunsten des Sicherungsnehmers. Sie treten typischerweise in der Form von Grundpfandrechten, Pfandrechten an Mobilien und Immobilien, Eigentumsvorbehalten, Sicherungsabtretungen und Sicherungsübereignungen auf.[12] Sie sind sicherlich als weitaus interessanter und praxisrelevanter für

---

[7] Wenzel/Gratias, Allgemeine Fragen der Kreditsicherung, Aufl. 1, S.17, Rn.4/11
[8] Grädler, Die Möglichkeiten der globalen Belastung, Aufl. 2012, S.1-2
[9] Schäfer/Ott, Lehrbuch der ökonomischen Analyse des Zivilrechts, Aufl.4, S. 591, 594 ff.
[10] Baumbach/Hopt, Handelsgesetzbuch, 35. Aufl. 2012, S.1701, Rn. H/1
[11] Krepold/Fischbeck, Bankrecht, Aufl.2009, S. 168, Rn. 4.1.1.1
[12] Baumbach/Hopt, Handelsgesetzbuch, 35. Aufl. 2012, S. 1701, Rn. H/1

Kreditinstitute zu bezeichnen als die zuvor beschriebenen Personalsicherheiten. Dies allein schon vor dem Hintergrund, dass Realsicherheiten wesentlich unkomplizierter ein wirtschaftlicher Wert beigemessen werden kann. So kommt Grundstücken zunächst einmal ein schätzbarer Marktwert zu, welcher zumindest einen Anhaltspunkt für die Kalkulation darstellen kann. Abgetretene Forderungen zum Beispiel sind meist bereits genau bezeichnet, was eine Kalkulation zumindest vereinfacht.

Innerhalb der Gruppe der Realsicherheiten haben sich in der Praxis der Kreditinstitute die Globalzession und die Mantelzession als besonders praxisrelevant und bedeutsam herausgestellt. Bei Beiden handelt es sich um revolvierende Sicherheiten in der Form von Vorausabtretungen, die vor allem Forderungen des Sicherungsgebers gegenüber Dritten erfasst.[13] [14] Sie sind damit für Kreditinstitute zur Sicherung von Forderungen nach deutschem Recht höchst interessant, da sie sämtliche und somit auch zukünftige Forderungen erfassen und so eine weitreichende und valutierende Sicherheit darstellen.[15]

Neben diesen klassischen Sicherungsinstrumenten hat in der Vergangenheit vor allem das Sicherungsinstrument der Raumsicherungsübereignung für Kreditinstitute stark an Bedeutung gewonnen und wurde verstärkt in der Rechtsprechung thematisiert.[16] Aus diesem Grund soll es Gegenstand der Betrachtung dieser Masterarbeit sein.

II. Die Raumsicherungsübereignung

Wie auch die im allgemeinen Teil beschriebenen Sicherungsrechte, dient die Raumsicherungsübereignung dem Zweck, die Forderung eines Kreditinstitutes bestmöglich zu besichern und zu schützen. Sie unterscheidet sich jedoch deutlich gegenüber den anderen Sicherungsinstrumenten insofern, dass es sich um ein Sicherungsrecht handelt, welches sich aus der praktischen Anwendung

---

[13] Obermüller, Insolvenzrecht in der Bankenpraxis, 7. Aufl., S. 897, Rn. 6.102a
[14] Beck, Rechtswörterbuch, Aufl. 18, S. 20-21
[15] Graf v. Westphalen, Vertragsrecht und AGB-Klauselwerke, 32. Egänz. 2012, Rn. 1
[16] Riggert, Neue Anforderungen an Raumsicherungsübereignungen, NZI 2009, 137 Top. I

entwickelt hat und von der Rechtsprechung anerkannt wurde.[17] Eine gesetzliche Normierung der Raumsicherungsübereignung ist nie erfolgt.

1. Allgemeines

Die Raumsicherungsübereignung hat sich, nicht zuletzt dadurch dass sie starke Übereinstimmungen mit anderen Sicherungsinstrumenten europäische Nachbarländer aufweist, zu dem klassischen Kreditsicherungsmittel der Kreditinstitute neben der Globalzession entwickelt.[18] Die Raumsicherungsübereignung ist für Kreditinstitute vor allem deshalb interessant, weil der vertragliche Aufwand im Vergleich zu dem Bestand an dadurch erworbenen Sicherungen als äußerst gering bezeichnet werden muss.

Ähnlich wie die Global- und Mantelzession fällt auch die Raumsicherungsübereignung unter den Überbegriff der Realsicherheiten. Entgegen den beiden Vorgenannten, bei denen es sich um Abtretungen im Sinne des § 398 BGB handelt, ist die Raumsicherungsübereignung eine Sicherungsübereignung gemäß §§ 929, 930 BGB unter Vereinbarung eines Besitzmittlungs-verhältnisses, verbunden mit einer Ermächtigung nach § 185 BGB für den Sicherungsgeber.[19] Dies dient dem Zweck, dass die an den Sicherungsnehmer übereigneten Mobilien im Besitz des Sicherungsgebers verbleiben und er frei über sie verfügen kann, wodurch der Geschäftsbetrieb des Unternehmens nicht gestört wird. Ein anderweitiges Vorgehen stünde dem Sinn und Zweck der Sicherheit entgegen und würde eine sittenwidrige Knebelung des Sicherungs-gebers zur Folge haben, da der Sicherungsgeber in seiner Position derart stark beschränkt wäre, dass er keinerlei eigene Verfügungsgewalt besäße und vollends abhängig von dem Sicherungsnehmer wäre. Daher erscheint das zuvor geschilderte Vorgehen als sinnhaft, behält man im Blick, dass jedes Sicherungsinstrument nur eine ultima ratio darstellt und die eigentlich Rückführung des Kredits und der anfallenden Zinsen zumeist im Rahmen einer ratierlichen Zahlung erfolgt, muss sichergestellt sein, dass der Geschäftsbetrieb

---

[17] Claussen, Bank- und Börsenrecht, Aufl. 4, S. 289, Rn. 151
[18] Riggert, Die Raumsicherungsübereignung, NZI 2000/241, Top I
[19] Krepold/Fischbeck, Bankrecht, Aufl.2009, S. 212, Rn. 4.4.2.1

des Sicherungsgebers als Kreditnehmer ungestört weiter laufen kann. Dies dient dem Zweck der Fremdfinanzierung auf Unternehmensseite, nämlich dem Wachstum des Unternehmens. Eine Entziehung der Verfügungsbefugnisse hätte genau Gegenteiliges als Konsequenz.

Entscheidend ist, dass die wirtschaftliche Selbstständigkeit des Kreditnehmers geschützt ist und eine planmäßige Rückführung des Darlehens erfolgen kann.[20]

2.   Gegenstand und Bestellung in der Praxis

Gegenstand einer Raumsicherungsübereignung ist in der Regel eine Sachgesamtheit, als Sicherheit für den Kreditgeber. So wird in der Praxis häufig ein Warenlager durch den Sicherungsgeber übereignet.[21] Im Zuge einer vertraglichen Erklärung werden sämtliche Gegenstände an den Sicherungsnehmer übertragen, die in einen zuvor bezeichneten Raum gelangen. Es werden demnach nicht nur vorhandene Vermögenswerte erfasst, vielmehr kommt der Raumsicherungsübereignung auch eine Wirkung für die Zukunft zu. Sie greift demnach auf alle später erworbenen Mobilien des Sicherungsgebers zu. Sobald diese in den zuvor bezeichneten Raum eingebracht werden, fallen sie automatisch, das heißt ohne weiteres Zutun, unter die Raumsicherungsübereignung und dienen damit der Besicherung des Kreditinstituts.[22] [23]

Festzustellen ist, dass die Raumsicherungsübereignung von einem regelmäßigen Durchlauf einzelner Sachen gekennzeichnet ist, da der Bestand eines Warenlagers aufgrund des laufenden Geschäftsbetriebes wechselt. Sie ist somit folgerichtig ebenfalls als revolvierende Sicherheit zu deklarieren.[24]

Betrachtet man die nun dargestellte Raumsicherungsübereignung aus dem Blickwinkel der Kreditinstitute als häufigste Sicherungsnehmer, so lassen sich

---

[20] Nerlich/Kreplin, Münchner Anwaltshandbuch Sanierung und Insolvenz, Auf. 2, § 29, Rn. 137
[21] Weber, Kreditsicherheiten, Aufl. 7, S. 161
[22] Googer, Insolvenzgläubiger-Handbuch, Aufl. 3, Rn. 97
[23] Krepold/Fischbeck, Bankrecht, Aufl.2009, S. 213, Rn. 4.4.4.1
[24] Krepold/Fischbeck, Bankrecht, Aufl.2009, S. 213, Rn. 4.4.4.1

zwei entscheidende Vorteile daraus herleiten. Zum Einen sind die Sicherungsgeber in der Ausübung ihres Geschäftsbetriebes durch die Raumsicherungsübereignung nicht behindert und können so entsprechend unabhängig wirtschaften und den Kredit anhand des Rückzahlungsplanes begleichen. Eine Besicherung durch eine Abtretung einzelner Vollrechte dagegen hätte die Folge, dass der Sicherungsgeber stets auf die Mitwirkung des Sicherungsnehmers angewiesen ist, sobald wirtschaftliche Entscheidungen über das Sicherungsgut getroffen werden müssen. Zum Anderen sind, sofern es sich nicht um einen Erstkredit handelt, Forderungen aus Lieferung und Leistung als auch das Anlagevermögen eines Sicherungsgebers bereits oft schon besichert. Insoweit stehen Vorräte und Waren zumeist noch als freie Sicherheiten zur Verfügung und können entsprechend herangezogen werden.[25] Dies stellt für die Praxis der Kreditinstitute den enormen Vorteil der Raumsicherungsübereignung dar.

Problematisch zu betrachten ist jedoch die Frage, wie weit die Raumsicherungsübereignung reicht und wie sie in ihrer vertraglichen Bestellung ausgestaltet sein muss, um wirksam zu sein. Aufgrund der in der Bundesrepublik Deutschland geltenden Vertragsfreiheit ist die Vereinbarung einer Sicherungsübereignung und damit auch der Raumsicherungsübereignung als Sonderfall formlos möglich.[26] Aus Gründen der Beweislast und der Dokumentation sollte eine Raumsicherungsvereinbarung jedoch immer in Schriftform erfolgen.

Wie bei jeder Sicherungsübereignung muss auch für die Raumsicherungsübereignung eine Zweckerklärung im Rahmen der vertraglichen Gestaltung erfolgen. Diese dient der Manifestation aller elementaren Punkte, die in Zusammenhang mit der Sicherheitsbestellung stehen. Neben den Verbindlichkeiten, die durch die Raumsicherungsvereinbarung besichert werden sollen, ist vor allem festzuhalten, unter welchen Voraussetzungen die Sicherheit fällig wird und verwertet werden darf.[27] [28] Daraus ergibt sich für das Kreditinstitut als

---

[25] Riggert, Neue Anforderungen an Raumsicherungsübereignungen, NZI 2009, 137 Top. I
[26] Weber, Kreditsicherheiten, Aufl. 7, S. 160
[27] Krepold/Fischbeck, Bankrecht, Aufl.2009, S. 171, Rn. 4.1.2
[28] Schimansky/Bunte/Lwowski, Bankrechts-Handbuch, Aufl. 4, § 95, Rn. 16-19

Sicherungsnehmer zunächst die Möglichkeit, nicht bloß eine einzelne Kreditforderung zu besichern, sondern mehrere und auch künftige Forderungen durch die Zweckerklärung und das Sicherungsinstrument zu erfassen.[29] [30] Dies steht jedoch generell immer unter der Prämisse, dass die Besicherung nicht ins Uferlose abdriftet. [31] Dieser Gefahr wird in der Rechtsprechung durch das Erfordernis einer ausdrücklichen Freigabeklausel entgegengetreten, welche besagt, dass bei einer Überbesicherung das Sicherungsgut automatisch freigegeben wird. Um dies entscheiden zu können, ist jedes Sicherungsgut anfänglich zu bewerten und eine Deckungsgrenze vorzusehen, bis zu deren Höhe Sicherheiten herangezogen werden dürfen. Ein solches Erfordernis der anfänglichen Prüfung der Übersicherung gilt für die Raumsicherungsübereignung nicht,[32] was für diese einen entscheidenden Vorteil bedeutet. Dies wäre auch bereits aufgrund der Konstruktion der Raumsicherungsübereignung nicht möglich, da sie, wie dargelegt, von einem wechselnden Bestand geprägt ist. Ein solcher Bestand macht eine Kalkulation schlicht unmöglich.

Dagegen sollte ein Kreditinstitut größte Sorgfalt bei der Vereinbarung einer Raumsicherungsübereignung im Hinblick auf den Bestimmtheitsgrundsatz der Sicherheit gelten lassen. Dieser bezeichnet bis ins Detail das Übereignungsgut der einzelnen Sicherheitenbestellung. Das ist besonders wichtig, da ein Verstoß gegen diesen Bestimmtheitsgrundsatz die Nichtigkeit des gesamten Sicherungsvertrages zur Folge haben kann.[33]

Die Prägnanz dieses Grundsatzes wird bei der Raumsicherungsübereignung besonders deutlich, da mit dieser wie dargestellt, Sachgesamtheiten als Sicherheit dienen, die nicht näher einzeln bestimmt sind und sich damit als äußerst schwierige und komplexe Fälle für die Banken- und Kreditpraxis erweisen.[34] Es sollen gerade sämtliche Vermögenswerte, wie zum Beispiel Waren, erfasst werden, ohne dass eine einzelne Bezeichnung erforderlich ist. Einigkeit besteht dahingehend, dass die Bestimmtheit des Sicherungsgutes im

---

[29] Grädler, Die Möglichkeiten der globalen Belastung, Aufl. 2012, S.115
[30] Krepold/Fischbeck, Bankrecht, Aufl.2009, S. 171, Rn. 4.1.2
[31] Krepold/Fischbeck, Bankrecht, Aufl.2009, S. 171, Rn. 4.1.2
[32] Claussen, Bank- und Börsenrecht, Aufl. 4, S. 295, Rn. 164
[33] Googer, Insolvenzgläubiger-Handbuch, Aufl. 3, Rn. 93
[34] Krepold/Fischbeck, Bankrecht, Aufl.2009, S. 212, Rn. 4.4.2.2

Zeitpunkt des Vertragsabschlusses feststehen muss.[35] [36] Das heißt, dass bereits im Zuge der Vertragsgestaltung das Kreditinstitut sicherstellen muss, dass das Sicherungsgut in Konformität mit der Rechtsprechung ausreichend gekennzeichnet ist. Im Hinblick auf dieses Erfordernis hat sich mittlerweile eine eindeutige Vorgehensweise in der Praxis herauskristallisiert, welche dem Instrument der Raumsicherungsübereignung Rechnung trägt.

In einem Rechtsstreit im Jahre 2008 vor dem Bundesgerichtshof hatte ein Kreditinstitut versucht, dem Bestimmtheitsgrundsatz im Rahmen einer Raumsicherungsübereignung durch die Formulierung „sämtliche Vorräte inklusive Abtretung der Forderungen" Rechnung zu tragen.[37] Diese Formulierung wurde durch den Bundesgerichtshof zu Recht als zu unbestimmt zurück gewiesen. Der Begriff des Vorrats steht nicht äquivalent zu den Erfordernissen einer Raumsicherungsübereignung, da dieser sich typischerweise nicht auf einen wechselnden Bestand bezieht.[38] Er wird damit nicht dem Durchlauf an Gegenständen gerecht, durch den sich die Raumsicherungsübereignung gerade auszeichnet. Insoweit gilt auch im allgemeinen Sprachgebrauch der Begriff des Vorrats als einmal angelegt und damit fix.

Im Rahmen des vorgenannten Urteils hat der Bundesgerichtshof jedoch einen Vorschlag unterbreitet, der dem Zweck in der Sicherungsvereinbarung einer Raumsicherungsübereignung gerecht wird und in der Praxis der Kreditinstitute im Zuge der Zweckerklärung gut umsetzbar ist. Der Bundesgerichtshof baut insoweit auf die sogenannte „ALL-Formel", welche sich im Wesentlichen auf den Begriff der Waren stützt und diesen zudem mit der räumlichen Bezeichnung eines Lagers verbindet.[39] Daraus ist zu folgern, dass eine entscheidende Rolle für die Bestimmtheit der Sicherungsvereinbarung der räumlichen Konkretisierung zukommt. Für die Praxis sollte hier idealerweise ein Lageplan in die Sicherungsvereinbarung eingebracht werden, verbunden mit einer Markierung oder eine Trennung, sofern unterschiedlichen Waren in einem

---

[35] Claussen, Bank- und Börsenrecht, Aufl. 4, S. 291, Rn. 156
[36] Riggert, Die Raumsicherungsübereignung, NZI 2000/241, Top I
[37] BGH v. 26.06.2008, IX ZR47/05, ZIP 2008,1437
[38] BGH v. 26.06.2008, IX ZR47/05, ZIP 2008,1437
[39] BGH v. 26.06.2008, IX ZR47/05, ZIP 2008,1437

Lager erfasst sind.[40] [41] Mitunter erscheint es sogar angebracht einzelne Hinweisschilder, die auf den Sicherungseigentümer verweisen, anzubringen, vor allem dann, wenn nur ein Teil des Warenlagers übereignet werden soll.[42]

Zusammenfassend ist festzuhalten, dass zur Vermeidung einer möglichweise fehlerhaften Zweckerklärung zum einen die Gattung und zum anderen die konkrete räumliche Bezeichnung des Sicherungsgutes erfolgen muss.[43]

3. Kollisionsproblematik – Vermieterpfandrecht – für die Praxis

Die zuvor beschrieben Ausgestaltung der Zweckerklärung dient nicht nur dem Zweck der Konkretisierung, sie kann auch helfen Kollisionen der Raumsicherungsübereignung mit anderen Sicherheitsrechten zu vermeiden. Kollisionen treten vor allem dann häufig auf, wenn der Sicherungsgeber mehrere Sicherheiten über identische Sicherungsgüter ausgereicht hat.[44]

a. Schilderung Kollisionssachverhalt

Für Kreditinstitute stellt die Kollision eines Sicherungsrechts mit einer anderen Sicherheit eines der größten Problemfelder im Zusammenhang mit der Raumsicherungsübereignung überhaupt dar. Dieses kann auch bei bestmöglicher vorheriger Prüfung nicht vollumfänglich reduziert werden.

Ein häufiger Problemfall der Praxis ist der, dass Waren und Sicherungsgüter von der Raumsicherungsübereignung erfasst werden, jedoch bereits unter Eigentumsvorbehalt eines Lieferanten stehen. Fraglich ist, ob wirksam eine Sicherheit an solchen Waren begründet wurde. Grundsätzlich ist bei der Kollision von Sicherheiten immer auf den Prioritätsgrundsatz abzustellen,

---

[40] Krepold/Fischbeck, Bankrecht, Aufl.2009, S. 212, Rn. 4.4.2.2+4.4.4.1
[41] Grädler, Die Möglichkeiten der globalen Belastung, Aufl. 2012, S.117
[42] Claussen, Bank- und Börsenrecht, Aufl. 4, S. 291, Rn. 156
[43] Krepold/Fischbeck, Bankrecht, Aufl.2009, S. 212, Rn. 4.4.4.1
[44] Wenzel/Gratias, Allgemeine Fragen der Kreditsicherung, Aufl. 1, S. 58, Rn. 4/103

welcher besagt dass die zeitliche Rangfolge entscheidend ist.[45] Der geschilderte Kollisionssachverhalt des Eigentumsvorbehalts ist, mit Bezug auf die gängige Praxis, noch als relativ unproblematisch einzustufen. Unter Eigentumsvorbehalt stehenden Waren werden schlichtweg nicht von der Raumsicherungsübereignung erfasst. Der Sicherungsnehmer erhält lediglich ein Anwartschaftsrecht, welches automatisch von dem Sicherungsgeber auf ihn übergeht. Mit Erlöschen des Eigentumsvorbehalts geht das Volleigentum über und die Ware wird automatisch von der Sicherungsübereignung erfasst.[46] [47] Auch wenn diese Kollisionsproblematik einen gewissen Nachteil für die Kreditpraxis mit sich bringt, so ist sie doch verhältnismäßig einfach zu lösen.

Anders verhält es sich bei der weitaus häufiger auftretenden und schwerwiegenderen Kollision mit dem Vermieterpfandrecht, nach § 562 Abs.1 BGB. [48] Dieser Sachverhalt stellt für die Praxis der Kreditinstitute ein weit höheres Problemfeld dar, als zu vermuten ist.

Zunächst gilt festzuhalten, dass auch hier grundsätzlich der Prioritätsgrundsatz gilt, welcher auf den Zeitpunkt der Entstehung der Sicherheit abstellt. [49] [50]

Überträgt man diesen Grundsatz der Priorität auf ein Praxisbeispiel, so wird seine Sinnhaftigkeit deutlich. In dem Moment, in dem ein Kreditinstitut ein Kredit gegen eine Raumsicherungsübereignung ausgibt, werden alle Waren, die in einen zuvor bezeichneten und markierten Raum gelangen, von der Sicherungsübereignung umfasst. Befinden sich jedoch bereits Waren in den markierten Räumlichkeiten und hat der Sicherungsgeber diese Räumlichkeiten lediglich gemietet, so kommt dem Vermieter ein gesetzliches Pfandrecht nach § 562 Abs. 1 BGB an diesen Waren zu.[51] [52] [53] [54] Ebenso sollen diese Waren aber

---

[45] Lindner-Figura/Oprée/Stellmann, Geschäftsraummiete, Aufl. 3, Kap. 12, Rn. 245
[46] Claussen, Bank- und Börsenrecht, Aufl. 4, S. 291, Rn. 156
[47] Braun, Insolvenzordnung, Aufl. 5, § 51, Rn. 35
[48] Googer, Insolvenzgläubiger-Handbuch, Aufl. 3, Rn. 97
[49] Riggert, Die Raumsicherungsübereignung, NZI 2000/241, Top II.2
[50] Lindner-Figura/Oprée/Stellmann, Geschäftsraummiete, Aufl. 3, Kap. 12, Rn. 245
[51] Googer, Insolvenzgläubiger-Handbuch, Aufl. 3, Rn. 97
[52] Lindner-Figura/Oprée/Stellmann, Geschäftsraummiete, Aufl. 3, Kap. 12, Rn. 245
[53] Uhlenbruck, Insolvenzordnung, Aufl. 13, § 50, Rn. 24
[54] Krepold/Fischbeck, Bankrecht, Aufl.2009, S. 212, Rn. 4.4.4.3

auch im Interesse des Kreditinstituts von der Raumsicherungsübereignung erfasst sein. Es liegt also eine Kollision vor, die unweigerlich aufgrund des Prioritätsgrundsatzes dem Vermieterpfandrecht Vorrang gewährt.

Betrachtet man sich die Normierung des § 562 Abs.1 BGB, dann besagt diese, dass das Vermieterpfandrecht sich auf alle Sachen erstreckt, die in die Mieträumlichkeiten eingebracht werden. Dies bedeutet, dass dem Vermieter auch an jeder neu eingebrachten Ware ein Pfandrecht nach § 562 Abs. 1BGB erwächst. Die Raumsicherungsübereignung ist, wie bereits dargelegt, dadurch gekennzeichnet, dass alle Waren die in die markierten Räumlichkeiten gelangen automatisch von ihr erfasst werden und ihr unterfallen. Beide Voraussetzungen sind somit nahezu identisch.

Dies bedeutet, dass sich Kreditinstitute als Sicherungsnehmer einem großen Kollisionsproblem ausgesetzt sehen. Diese treten immer dann auf, wenn neue Waren in die markierten und angemieteten Räumlichkeiten des Sicherungs-gebers gelangen und damit sowohl der Raumsicherungsübereignung, als auch von dem Vermieterpfandrecht nach § 562 Abs. 1 BGB erfasst werden.

Es könnte davon ausgegangen werden, dass bei zeitgleicher Entstehung der beiden Sicherheiten ein Gleichrang bestehen könnte.[55] Dies würde jedoch zu keiner Lösung führen, da es dann auf individuelle Auslegungen ankommt und eine klare Linie, bezüglich des Vorranges nicht gefunden werden kann. Für die jeweiligen Sicherungsnehmer sind nämlich ihre Sicherungsrechte gleich bedeutend.

Unproblematisch wäre der Sachverhalt, wenn die Sicherungsübereignung vor der Einbringung der Waren in die vermieten Räume greifen würde. Dann würde ein Vermieterpfandrecht ins Leere gehen, da die Waren nicht mehr im Eigentum des Mieters stünden.[56] Dies ist jedoch im geschilderten und in der Praxis im

---

[55] Lindner-Figura/Oprée/Stellmann, Geschäftsraummiete, Aufl. 3, Kap. 12, Rn. 248
[56] Palandt, BGB, Aufl. 2010, § 562, Rn. 10

Zuge der Raumsicherungsübereignung häufig auftretenden Problems nicht der Fall.

Dieser in der Kredit- und Bankenwelt häufig auftretenden Kollisionsproblematik hat sich der Bundesgerichtshof im Jahr 1992 angenommen und ein klarstellendes Urteil erlassen, dass auch bei gleichzeitigem Sicherheitserwerb dem Vermieterpfandrecht den Vorrang einräumt.[57] Zwar werden die Waren nach Einbringung in die Räume von der Raumsicherungsübereignung erfasst werden, jedoch nur insoweit als sie belastet durch das Vermieterpfandrecht sind.[58] In der Begründung führt der BGH an, dass der Vermieter in seiner Position besonders schützenswert ist, da ihm, neben dem Vermieterpfandrecht, kein weiteres Sicherungsrecht zukommt. Ein Nachrangigkeit des Vermieterpfandrechts hätte eine unverhältnismäßig hohe Schwächung der Position des Vermieters zur Folge. Das Urteil hat zu Recht in der Literatur Anerkennung gefunden, da es die Schutzbedürfnisse des Vermieters berücksichtigt. Jede anderweitige Auslegung hätte die Entwertung des gesetzlich normierten Vermieterpfandrechts zur Folge.[59] [60] [61]

b.   Praktikable Lösungsansätze der Kollision – Vermieterpfandrecht

Dieses Urteil wirft jedoch aus Sicht der Kreditinstitute zu Recht die Frage auf, wie mit dieser Problematik in der Praxis umgegangen werden kann, um zumindest eine bestmögliche Wirkung der Raumsicherungsvereinbarung als Sicherheit in Kollisionsfällen zu erlangen.

Der offenkundig einfachste Weg zur Vermeidung einer solchen Kollision, dem Kreditinstitute bei der Prüfung eines Kreditantrages folgen können erfordert eine Sicherstellung dahingehend, dass der Raum, auf den sich die Raum-

---

[57] BGH v. 12.02.1992, XII ZR 7/91, Leitsatz
[58] BGH v. 12.02.1992, XII ZR 7/91, Begründung Top 2
[59] Braun, Insolvenzordnung, Aufl. 5, § 51, Rn. 38
[60] Lindner-Figura/Oprée/Stellmann, Geschäftsraummiete, Aufl. 3, Kap. 12, Rn. 247
[61] Claussen, Bank- und Börsenrecht, Aufl. 4, S. 292, Rn. 158

sicherungsübereignung beziehen soll, im Eigentum des Kreditnehmers steht.[62] Ohne einen Vermieter kann im Umkehrschluss auch kein Vermieterpfandrecht entstehen. Ein solches vorheriges Überprüfen wäre die logische Konsequenz aus der dargestellten Kollisionslage und würde sicherstellen, dass eine solche Kollisionslage überhaupt nicht auftreten kann. Dieser Ansatz erscheint jedoch, im Hinblick auf eine praxisrelevanten Betrachtung, als untauglich für die Zwecke eines Kreditinstituts, da selbst größte und wirtschaftlich starke Unternehmen Lagerplätze oft nur anmieten und sich so das Kreditinstitut selbst das Kreditgeschäft verwehren würde. Insofern erscheint dieser Lösungsansatz, wenn auch in der Theorie scheinbar erfolgreich, in der Praxis doch unbrauchbar und kann Kreditinstituten allerhöchstens in gewissen Ausnahmefällen und als reine pro forma Prüfung empfohlen werden.

Alternativ kann auch eine Anmietung über die Konzernmutter erfolgen und die Sicherungsvereinbarung mit der Konzerntochter geschlossen werden.[63] So besteht zwar ein Mietvertrag, die eingelagerte Ware steht jedoch nicht im Eigentum des Mieters, sodass ein Vermieterpfandrecht ins Leere geht. Der Ansatz erscheint praktikabel und gut umsetzbar, wird jedoch im Hinblick auf die Praxis kaum Bedeutung erlangen. Es fehlt an den gestalterischen Möglichkeiten für das Kreditinstitut, da die Grundvoraussetzungen bereits vorliegen.

Ein weiterer, von der Lehre entwickelter Ansatz zur Lösung der beschriebenen Kollisionsproblematik ist der, dass sich das Kreditinstitut als Sicherungsnehmer dergestalt mit dem Vermieter einigt, dass dieser auf seine Sicherheit aus dem Vermieterpfandrecht verzichtet und so die Raumsicherungsübereignung werthaltig macht.[64] Dieses Vorgehen erscheint, zumindest in der Theorie, als deutlich effizienter und wirkungsvoller als das zuvor geschilderte. Das Kreditinstitut hat die Möglichkeit, jeden für seine Zwecke wirtschaftlich interessanten Kredit abzuschließen, ohne dass es einer vorherigen Prüfung der Eigentumssituation bedarf.

---

[62] Riggert, Die Raumsicherungsübereignung, NZI 2000/241, Top II.2
[63] Riggert, Die Raumsicherungsübereignung, NZI 2000/241, Top II.2
[64] Krepold/Fischbeck, Bankrecht, Aufl.2009, S. 212, Rn. 4.4.4.3

Hierfür entscheidend wäre, dass vor Unterzeichnung der Sicherungs-vereinbarung eine Einigung mit dem Vermieter über die zur Sicherung übereigneten Räume erzielt werden kann. Der Vermieter jedoch wird sich nur dann auf eine solche Einigung einlassen, wenn dadurch seine wirtschaftliche Situation nicht geschwächt wird. Denkbar ist die Konstellation, dass sich das Kreditinstitut selbst für die Erbringung des Mietzinses, welcher klassischer Weise von dem Vermieterpfandrecht besichert wird, verbürgt und so den Vermieter dazu bewegt, auf sein Vermieterpfandrecht zu verzichten. Ob eine solche Verbürgung unter einer wirtschaftlichen Betrachtungsweise für die Praxis Sinn macht, sei dahingestellt. Insoweit müsste eine Verbürgung die Position des Kreditinstitutes zumindest erheblich verbessern. Davon kann jedoch bei einem Großteil der Fälle in der Praxis nicht ausgegangen werden. Im Zuge einer ernsthaften Erwägung dieses Vorgehens wäre auf Seiten des Kreditinstitutes eine klare wirtschaftliche Gegenüberstellung der Risiken einer Bürgschaft zu dem potentiellen Erlös der Raumsicherungsübereignung erforderlich. Es sei insofern angeraten eine solche Bürgschaft an den Erlös der Raumsicherungsübereignung zu knüpfen. Insgesamt erscheint dieser Ansatz für Kreditinstitute jedoch nur in Ausnahmefällen als praktikabel. Es sollte daher nicht unerwähnt bleiben, dass dieses Vorgehen mit einem erheblichen Verhandlungs- und auch Überwachungsaufwand verbunden wäre um sicherzustellen, dass keine Verbindlichkeiten auf der Seite des Sicherungs-gebers auflaufen, für welche sodann die Bürgschaft einstehen müsste.

Eine alternative Vorgehensweise könnte in einer entsprechenden Einigung zwischen dem Mieter und Vermieter direkt liegen, was zumindest keinerlei wirtschaftliche Einbindung oder Schwächung des Kreditinstitutes zur Folge hätte. Aufgrund der wirtschaftlich deutlich schwächeren Position des Sicherungsgebers als Mieter kann daher nur eine Vereinbarung dergestalt in Betracht kommen, dass der Vermieter auf sein Vermieterpfandrecht verzichtet und ihm der Sicherungsgeber im Gegenzug dafür eine anderweitige Sicherheit zur Verfügung stellt, welche er sonst dem Kreditinstitut zur Verfügung gestellt hätte. Denkbar wäre hier z. B. eine Grundschuld oder eine Abtretung von Anlagevermögen nach § 398 BGB. Auf diese Weise könnte das Kreditinstitut eine werthaltige Raumsicherungsübereignung erhalten, ohne die Gefahr einer

Kollision einzugehen und ohne dafür eine eigene Leistung zu erbringen. Wirtschaftlich betrachtet erscheint dies aber nur in dem Fall für ein Kreditinstitut sinnvoll, in dem die Raumsicherungsübereignung besonders werthaltig ist, da das Kreditinstitut auf ein zweites potentielles Sicherungsrecht verzichtet. Ein weiterer Vorteil liegt in der Reduzierung des logistischen Aufwandes des Kreditinstitutes. Es muss nur ein Sicherungsinstrument überwacht und bearbeitet werden. Der Aufwand im Falle einer Kollision würde vollständig entfallen. Auch dieser Ansatz erscheint in der Theorie als durchsetzbar, wird jedoch in der gängigen wirtschaftlichen Praxis nur in Ausnahmefällen eine Rolle spielen.

Ob und welcher der beiden bislang erarbeiteten Lösungsansätze wirtschaftlich für ein Kreditinstitut sinnhaft ist, bliebt wohl der Prüfung der jeweiligen Einzelsituation vorbehalten. Beide Ansätze erscheinen im Hinblick auf die Praxis als nur bedingt umsetzbar, dies vor allem insoweit als sie auch an die Mitwirkung des Vermieters gebunden sind.

Weiterer denkbarer Lösungsansatz für die Kreditpraxis, der nicht der Einbeziehung des Vermieters bedarf, ist die Vereinbarung eines dynamischen Sicherungsraums.[65] Dieser Lösungsansatz richtet sich vor allem an die künftigen Waren, die in den Sicherungsraum gelangen und ebenfalls, entsprechend der zuvor zitierten Entscheidung des Bundesgerichtshofs, dem Vermieterpfandrecht unterliegen würden. Ziel ist es, den Sicherungsraums in der Sicherungsvereinbarung so auszugestalten, dass die Waren zuerst in den Sicherungsraum und danach erst in die vom Vermieterpfandrecht belasteten Räume gelangen.[66] Eine solche freie Gestaltung ist möglich, da der Sicherungsnehmer in Übereinstimmung mit dem Sicherungsgeber den Raum frei und dynamisch im Vertrag bestimmen kann.[67] So wäre es denkbar, dass der Sicherungsgeber ein sogenanntes Vorlager errichtet und alle Waren, die in dieses Vorlager gelangen, von der Raumsicherungsübereignung erfasst werden. Unabdingbare Voraussetzung hierfür ist, dass dieses Vorlager im Eigentum des Sicherungsgebers steht. Nur wenn dies der Fall ist kann eine neuerliche Kollision ausgeschlossen werden. Die Vereinbarung eines dyna-

---

[65] Riggert, Die Raumsicherungsübereignung, NZI 2000/241, Top III
[66] Riggert, Die Raumsicherungsübereignung, NZI 2000/241, Top III
[67] Riggert, Die Raumsicherungsübereignung, NZI 2000/241, Top III

mischen Sicherungsraums würde darüber hinaus dem Bestimmtheitsgrundsatz Rechnung tragen, da eine klare Trennung der Waren und somit eine genaue Bestimmbarkeit vorläge. Im Hinblick auf eine Umsetzbarkeit in der Praxis erscheint dieser Ansatz als praktikabelster und zugleich effizientester, um eine Kollision mit dem Vermieterpfandrecht im Vorhinein zu vermeiden. Der Vorrang der Raumsicherungsübereignung ergäbe sich somit bereits aus dem zuvor zitierten Prioritätsgrundsatz. Das einzige Risiko bei einer solchen Vorgehensweise könnte darin liegen, dass es zu einem Streitfall kommen könnte, in dem die Rechtsprechung dieses Vorgehen aus Schutzzwecken anderer Sicherungsgläubiger nicht akzeptiert. [68] Dies ist jedoch ein rein rechtsdogmatischer, hypothetischer Problemfall, der der geschilderten Lösung per se nicht entgegen steht.

Festzuhalten ist, dass auch wenn die Kollision der Raumsicherungsübereignung mit einem Vermieterpfandrecht relativ häufig in der Praxis auftritt, sie nicht den Niedergang der Raumsicherungsübereignung als Sicherheitsinstrument der Kredit- und Bankenpraxis zur Folge hat. Zum Einen gilt, dass eine Kollision nur in den Fällen interessant wird, in denen auch Verbindlichkeiten aus dem Mietverhältnis bestehen. Diese Fälle sind jedoch gerade nicht die idealen Fälle eines Kreditgeschäfts, da für ein solches von einem gut laufenden Geschäftsbetrieb auszugehen ist. Nur dann macht ein Kreditgeschäft für ein Kreditinstitut auch wirtschaftlich Sinn und das Ausfallrisiko ist gering. Zum Anderen bedeutet auch die Kollision mit dem Vermieterpfandrecht, nicht gleich das Ende der Werthaltigkeit der Raumsicherungsübereignung. Wie mit Hilfe der vorgebrachten Lösungsansätze dargelegt, kann unter deren vorheriger Beachtung das Risiko einer Kollision eingedämmt und minimiert werden und so die Werthaltigkeit der Raumsicherungsübereignung als Kreditsicherungsinstrument gewährleistet werden.

Dies erfordert natürlich umfassende Prüfungen und Berechnungen des Ausfallsrisikos und der Sicherheitsgüter, um alle wirtschaftlichen Größen und Risiken abschätzen zu können. Sofern das Kreditinstitut von Beginn an wachsam für diese Kreditrisiken ist, können diese gut kalkuliert und überwacht werden.

---

[68] Riggert, Die Raumsicherungsübereignung, NZI 2000/241, Top III

III. Zwischenfazit Raumsicherungsübereignung

Die Raumsicherungsübereignung ist, wie oben dargestellt, ein revolvierendes Sicherungsinstrument der Banken- und Kreditpraxis, dass sich auf Sicherungsgüter stützt, die typischerweise nicht von den klassischen Sicherungsinstrumenten erfasst sind. Sie verspricht damit eine hohe Wahrscheinlichkeit zur Befriedigung, sollte das Kreditgeschäft scheitern und die ordnungsgemäße Rückführung nicht erfolgen.

Gerade in der Kreditpraxis mit produzierenden und verarbeitenden Unternehmen kommt der Raumsicherungsübereignung eine besondere Bedeutung zu, da solche Unternehmen einen hohen Durchfluss an Waren haben. Wie jedes Sicherungsinstrument ist auch die Raumsicherungs-übereignung mit gewissen Problemen behaftet, die aber bei entsprechender Kenntnis im Vorhinein gut und sicher bearbeitet und gelöst werden können.

Die Raumsicherungsübereignung bietet eine Art der Besicherung, wie sie in der Bundesrepublik Deutschland kein zweites Mal vorhanden ist. Aufgrund ihrer nicht vorhandenen gesetzlichen Normierung ist auch eine Übertragung der Raumsicherungsübereignung auf grenzüberschreitende Kreditgeschäfte durchaus denkbar, was ihr eine umso größerer Rolle im Zuge der stetigen Globalisierung der Wirtschaftswelt zu kommen lässt.

C. Sicherungsrecht des Vereinigten Königreiches – floating charge

Die hohe Bedeutsamkeit der Besicherung von Kreditgeschäften auf dem nationalen und internationalen Kapital- und Kreditmarkt, wie bereits zuvor am Sachverhalt der Raumsicherungsübereignung in Deutschland dargestellt, hat auch in anderen Ländern interessante und ähnliche Sicherungsinstrumente hervorgebracht.

In einer Zeit des stetigen Wachstums und der voranschreitenden Globalisierung müssen Unternehmen, um nicht zurück zu bleiben, investieren, neue Wege gehen und Standorte in Nachbarländern eröffnen. Solche Schritte sind unweigerlich verbunden mit Kapitalausgaben, welche oft nur im Rahmen von Fremdfinanzierungen gedeckt werden können.[69] Zu diesem Zwecke müssen, um das Risiko der Kreditinstitute bei solchen Kreditgeschäften zu minimieren, Sicherheiten ausgereicht werden, die auch im Rechtssystem des Vereinigten Königreichs mannigfach ausgestaltet und an diese auch gewisse Anforderungen gestellt sind.[70] [71] [72]

Je stärker Unternehmen auf globalen und neuen Märkten aktiv sind, umso stärker ist auch die künftige internationale Verknüpfung der Kreditinstitute.

I. Allgemeines und Zielsetzung

Ziel der Kreditpraxis bei der Ausreichung von Krediten ist es, wie auch schon im ersten Teil dieser Arbeit dargestellt, eine bestmögliche Besicherung zu erreichen. Dies gilt im gleichen Masse jedoch auch für den Kreditnehmer, da dieser sich nur durch eine gute und werthaltige Sicherheit die Möglichkeit auf einen Kredit zu besten Konditionen eröffnet.[73]

So gibt es auch in der Bankenpraxis des Vereinigten Königreichs die Möglichkeit, unterschiedliche Formen von Sicherheiten, sogenannten charges, zu Rate zu ziehen.

Die wohl gebräuchlichste Form der Kreditsicherheiten im Vereinigten Königreich ist die bereits angesprochene floating charge.[74] [75] Diese soll in vorliegender Arbeit einer exemplarischen Betrachtung dienen, da sie in mehreren Aspekten

---

[69] Eidenmüller, Ausländische Kapitalgesellschaften im deutschen Recht, Aufl. 2004, Rn. 43
[70] Grädler, Die Möglichkeiten der globalen Belastung, Aufl. 2012, S.1
[71] Hirte/Bücker, Grenzüberschreitende Gesellschaften, Aufl.2, S. 151, Rn. 151
[72] De Weijs/Bärenz/Connel, Financing in distress against security, IILR 2012,21 Rn. 21
[73] Grädler, Die Möglichkeiten der globalen Belastung, Aufl. 2012, S.2
[74] Schall, Die neue englische floating charge, IPRax 2009, 209-217, Kurzreferat
[75] Grädler, Die Möglichkeiten der globalen Belastung, Aufl. 2012, S.4

stark an die zuvor für die deutsche Kreditpraxis erläuterte Raumsicherungsübereignung erinnert.

Dem Institut der floating charge kommt gerade in der Kredit- und Bankenpraxis
des Vereinigten Königreichs eine hohe Bedeutung zu. Nicht zuletzt deshalb,
weil sie in allen Ländern des Commonwealth gilt und als Grundlage für die
Sicherungspraxis vieler weiterer Länder diente, was der heutzutage immer
größeren Globalisierung der Kreditinstitute und ihrer Geschäfte immens
entgegen kommt.[76]

Ihre Bedeutsamkeit für die Kreditpraxis spiegelt sich bereits darin wieder, dass
es sich bei der floating charge um ein Sicherungsinstrument handelt, dass nicht
durch den Gesetzgeber vorgegeben und normiert wurde, sondern sich aus
einer langen Banken- und Kreditpraxis entwickelt hat.[77] Der Denkansatz dabei
war immer die bestmögliche Absicherung einer Kreditforderung für die
Kreditgeber, ohne eine zu große Einschränkung der Geschäftsfähigkeit des
Sicherungsgebers herbeizuführen.

Mit der floating charge wurde ein Sicherungsinstrument gestaltet, dass dem
Kreditgeber eine Besicherung ermöglicht, die das Vermögen des Schuldners in
nahezu seiner Gesamtheit erfasst.[78] Sie schwebt, wie es ihr Name bereits
verrät, als Belastung über dem Vermögen des Schuldners und fällt im
Besicherungsfall quasi auf diese Aktiva hinab. Erst in diesem Moment werden
diese dann tatsächlich von der Sicherheit erfasst.[79] Entsprechend der
Raumsicherungsübereignung umfasst sie dabei auch, aber nicht ausschließlich,
das Umlaufvermögen, das heißt die Aktiva, die sich in ihrem Bestand ändern
und immer wieder neu hinzukommen, was auch eine ihrer eklatanten
Besonderheiten gegenüber anderen Sicherungsinstrumenten, die an fixe Aktiva
gebunden sind, darstellt.[80] Sie ist nicht auf eine einzelne Vermögensposition
fixiert. Ein weiteres entscheidendes Merkmal ist, dass sie wie bereits ausgeführt

---

[76] Grädler, Die Möglichkeiten der globalen Belastung, Aufl. 2012, S.3
[77] Münchner Kommentar Insolvenzordnung, Aufl. 2, Band 3, S. 1417, Rn. 19
[78] Kindler/Nachmann, Handbuch Insolvenzrecht Europa, Ergänz. 2, England und Wales, Rn. 50
[79] Hirte/Bücker, Grenzüberschreitende Gesellschaften, Aufl.2, S. 151, Rn. 151
[80] Grädler, Die Möglichkeiten der globalen Belastung, Aufl. 2012, S.22

als Belastung zunächst nur über dem Sicherungsvermögen schwebt, wodurch das Unternehmen in seiner Geschäftätigkeit und Verfügungsbefugnis in keiner Weise beeinträchtigt wird.[81] [82] [83]

Für Kreditinstitute bietet sie die Möglichkeit, durch die Erfassung nahezu des gesamten gegenwärtigen schuldnerischen Vermögens als auch zukünftiger Aktiva, eine bestmögliche Besicherung der Forderung zu erreichen, ohne dabei in die Geschäftätigkeit des Sicherungsgebers eingreifen zu müssen, was eine mögliche Verschlechterung oder zumindest Erschwerung dessen wirtschaftlicher Situation zu Folge haben könnte.

Erst wenn die geplante Rückführung des Kredits scheitert, also die im Sicherungszweck bestimmte Bedingung eintritt, greift das Sicherungsinstrument und deckt oder vermindert zumindest den Ausfall des Kreditinstitutes. Auf diesen Vorgang der sogenannten „crystallisation", zu Deutsch „Kristallisierung" genannt,[84] soll unter einen späteren Punkt detailliert eingegangen werden.

Auch wenn die floating charge vor allem als Sicherheit über das Vermögen einer juristischen Person sinnvoll erscheint, so kann sie auch über das Vermögen von natürlichen Personen, Einzelunternehmen oder Personengesellschaften bestellt werden.[85] Der meiste Sinn für die Kreditpraxis ergibt sich jedoch bei der Bestellung über das Vermögen von Kapitalgesellschaften, also juristischen Personen, den sogenannten incoporated companies oder limited liability partnerships.[86] Hier hat sich die floating charge, als weitreichendes und umfassendes Sicherungsrecht in der Bankenpraxis ganz klar durchgesetzt.

Ist man um die Eingliederung der floating charge unter die mannigfaltigen Sicherungsrechte, die sich einem Kreditinstitut bieten, bemüht, so ist es von entscheidender Bedeutung, den Vorgang ihrer Bestellung bis hin zu ihrem

---

[81] Münchner Kommentar Insolvenzordnung, Aufl. 2, Band 3, S. 1417, Rn. 19
[82] Eidenmüller, Ausländische Kapitalgesellschaften im deutschen Recht, Aufl. 2004, Rn. 44
[83] Just, Die englische Limited in der Praxis, Aufl. 4, Top. VIII.4, Rn. 253
[84] Just, Die englische Limited in der Praxis, Aufl. 4, Top. VIII.4, Rn. 254
[85] Grädler, Die Möglichkeiten der globalen Belastung, Aufl. 2012, S.27
[86] Grädler, Die Möglichkeiten der globalen Belastung, Aufl. 2012, S.27

Wirksamwerden sowie die Abgrenzung zu den gängigen sogenannten fixed charges zu betrachten und zu verstehen.

II. Praxis der Bestellung der floating charge unter Abgrenzung zur fixed charge

Im Sicherungsrecht des Vereinigten Königreichs wird, ähnlich wie im deutschen Recht, zunächst zwischen vertraglichen und nicht vertraglichen Sicherungsrechten unterschieden.[87]

Bei der thematisierten floating charge handelt es sich um ein vertragliches Sicherungsrecht. Das bedeutet, dass die floating charge durch eine vertragliche Vereinbarung zwischen Sicherungsgeber und Sicherungsnehmer zum Entstehen gebracht wird.[88] Dies hat den entscheidenden Vorteil für das Kreditinstitut als Sicherungsnehmer insoweit, dass es bereits von Beginn an gestalterisch tätig sein und auf die Bestellung und Ausrichtung des Sicherungsrechts einwirken kann. Für eine tiefer gehende Abgrenzung der floating charge innerhalb der vertraglich vereinbarten Sicherungsrechte bedarf es der beispielhaften Unterscheidung zu der ähnlich gelagerten sogenannten fixed charge.

Gibt ein Kreditinstitut einen Kredit aus und verlangt dafür eine Sicherheit, kann sich diese entweder auf bestimmtes, individualisiertes Anlagevermögen beziehen oder aber über das gesamte Vermögen des Sicherungsgebers bestellt werden.[89]

Im ersten Fall spricht man von einer sogenannten fixed charge, welche zum Beispiel an einer Maschine bestellt wird. Die Bezeichnung kommt daher, dass die Sicherheit auf einen Gegenstand des Anlagevermögens fixiert ist und somit auch nur eine Befriedigung aus diesem Gegenstand möglich ist. Die floating

---

[87] Grädler, Die Möglichkeiten der globalen Belastung, Aufl. 2012, S.21
[88] Grädler, Die Möglichkeiten der globalen Belastung, Aufl. 2012, S.21
[89] Hirte/Bücker, Grenzüberschreitende Gesellschaften, Aufl. 2, S. 152, Rn. 153

charge hingegen bezieht sich, wie bereits dargestellt, auf eine Gattung oder gar auf das ganze Gesellschaftsvermögen und damit auf eine Vielzahl von wechselnden Gegenständen, ohne dass mehrere vertragliche Vereinbarungen von Nöten sind.[90] Dies stellt für die Praxis einen offenkundigen Vorteil dar.

Entscheidender Unterschied ist jedoch der, dass der Sicherungsgeber im Rahmen einer fixed charge seine Verfügungsbefugnisse über den Vermögensgegenstand verliert.[91] Hier ist also immer die Einwilligung des Sicherungsnehmers erforderlich, da das Sicherungsgut fest mit der Belastung durch die fixed charge verbunden ist.[92] Insoweit wird die Geschäftstätigkeit des Sicherungsgebers erheblich gehemmt.

Die floating charge hingegen schwebt ohne spezifische Konkretisierung über dem Vermögen des Sicherungsgebers und konkretisiert sich erst im Besicherungsfall.[93] Erst in diesem Zeitpunkt erlischt auch die Verfügungsbefugnis des Sicherungsgebers über das Vermögen. Während die eine Sicherheit von Beginn an fix ist, schwebt die andere wie eine Wolke über dem besicherten Vermögen und setzt sich erst im Ernstfall auf dieses und entfaltet Rechtswirkung.

Hieraus ergibt sich für die Seite der Sicherungsgeber ein großer Vorteil dergestalt, dass auch kleinere Sicherungsgeber die Möglichkeit haben eine werthaltige Sicherheit im Rahmen eines Kreditgeschäfts anzubieten. Dies gilt selbst dann, wenn das restliche Anlagevermögen bereits mit fixed charges belastet ist.[94]

Für Kreditinstitute ergibt sich im Gegenzug der Vorteil, dass mit einer einzigen vertraglichen Vereinbarung eine Vielzahl von Vermögenswerten erfasst werden, welche immer wieder um neu hinzukommende ergänzt werden. Dies stellt eine

---

[90] Münchner Kommentar Insolvenzordnung, Aufl. 2, Band 3, S. 1417, Rn. 19
[91] Just, Die englische Limited in der Praxis, Aufl. 4, Top. VIII.4, Rn. 253
[92] Just, Die englische Limited in der Praxis, Aufl. 4, Top. VIII.4, Rn. 253
[93] Müller/Winkeljohann, Beck´sches Handbuch der GmbH, Aufl. 4, § 1, Rn. 134
[94] Just, Die englische Limited in der Praxis, Aufl. 4, Top. VIII.4, Rn. 253

Konstanz dar, wie sie im Sicherungsrecht selten gegeben ist. Insbesondere das Umlaufvermögen wird in der Regel selten von Sicherheitsbestellungen erfasst. Das Umlaufvermögen stellt damit für Kreditinstitut immer eine gute Alternative dar, um werthaltige Sicherheiten zu erlangen.

Vor allem jedoch ist der Sicherungsgeber bei der floating charge in seinem Handeln frei, sodass eine planmäßige Rückführung des Kredits sowie der Zins- und Tilgungslast erfolgen kann. Er soll gerade nicht in seiner Möglichkeit zu wirtschaften eingeschränkt werden. Dies bedeutet auch, dass im Zuge der Akzessorietät die floating charge automatisch erlischt, sobald die besicherte Forderung beglichen ist [95] und korrespondiert damit mit dem Grundgedanken aller Kreditgeschäfte. Dies vor allem, da ein Sicherungsrecht immer als ultima ratio zu sehen ist. Diesem Gedanken trägt die floating charge hervorragend Rechnung.

Es ist somit festzuhalten, dass die fixed charge individualisierte Vermögenswerte des Anlagevermögens erfasst[96] und im Zuge dessen die Verfügungsbefugnis entzieht, während sich die floating charge über das Vermögen legt und erst rechtliche Wirkung entfaltet, wenn der Besicherungsfall eingetreten ist.[97] Damit ist die floating charge ein extrem flexibles Sicherungsrecht, was zu Recht in der Bankenpraxis des Vereinigten Königreichs extrem hohen Anklang findet.[98]

Die nachträgliche und oftmals streitgegenständliche Beurteilung, ob eine floating charge oder eine fixed charge vereinbart wurde, lässt sich in der Praxis nicht einwandfrei an der Bezeichnung fest machen. Kreditinstitute sollten daher bei der Vereinbarung einer floating charge dem Belastungsinhalt der Sicherungsvereinbarung große Aufmerksamkeit widmen.[99] Auch wenn der Inhalt der Sicherungsabrede völlig frei in Formulierung und Form ist,[100] muss

---

[95] Grädler, Die Möglichkeiten der globalen Belastung, Aufl. 2012, S.35
[96] Grädler, Die Möglichkeiten der globalen Belastung, Aufl. 2012, S.23
[97] Just, Die englische Limited in der Praxis, Aufl. 4, Top. VIII.4, Rn. 254
[98] Just, Die englische Limited in der Praxis, Aufl. 4, Top. VIII.4, Rn. 254-256
[99] Grädler, Die Möglichkeiten der globalen Belastung, Aufl. 2012, S.23
[100] Grädler, Die Möglichkeiten der globalen Belastung, Aufl. 2012, S.44-45

strikt darauf geachtet werden, dass der Inhalt jene Rechten und Pflichten beschreibt, die eine floating charge ausmachen.[101] Das bedeutet, dass das Kreditinstitut beachten muss, dass die Essentialia der floating charge, so zum Beispiel die Erfassung des gesamten derzeitigen sowie künftigen Vermögens, die Verfügungsfreiheit und der Schwebezustand in der Sicherungsabrede erfasst sind. Werden diese inhaltlichen Bestimmungen beachtet, so ist die Abgrenzung der floating charge zur fixed charge aus der Sicherungsabrede unproblematisch. Dies gilt selbst dann, wenn die Sicherung anders bezeichnet ist.[102] Solange die Verfügungsbefugnis des Sicherungsgebers gewahrt ist, ist fast immer von einer floating charge auszugehen.

Weitere Indizwirkung zur Abgrenzung kommt in der Praxis der möglichst konkreten Bezeichnung der Sicherungsgegenstände zu.[103] Je umfassender diese ausgestaltet sind, umso eher ist von einer floating charge auszugehen, da diese das gesamte Vermögen umfasst inklusive wechselnder Bestände.[104] Dieses hohe Erfordernis geht bereits aus den ersten Entscheidungen zu dieser Abgrenzung aus dem späten 19ten Jahrhundert hervor, in denen durch die Formulierung „all their estate, property and effects"[105] immer das gesamte Vermögen erfasst wurde und damit in der Rechtsfolge von einer floating charge auszugehen war. Die Entscheidung stellt zudem klar, dass durch die floating charge nahezu das gesamte Vermögen erfasst werden kann. Auszunehmen sind lediglich Aktiva, die nicht im Eigentum des Sicherungsgebers stehen sowie Geschäftsbücher.[106]

Um in der Praxis also eine floating charge als umfassende Sicherheit im Rahmen eines Kreditgeschäfts im Vereinigten Königreich zu vereinbaren, sind die beiden vorgenannten Punkte der konkreten Manifestation der Rechte und Pflichten sowie die Bezeichnung der Sicherungsgegenstände zwingend zu beachten, um spätere Abgrenzungsprobleme zu vermeiden.

---

[101] Grädler, Die Möglichkeiten der globalen Belastung, Aufl. 2012, S.23
[102] Grädler, Die Möglichkeiten der globalen Belastung, Aufl. 2012, S.23-24
[103] Grädler, Die Möglichkeiten der globalen Belastung, Aufl. 2012, S.24
[104] Grädler, Die Möglichkeiten der globalen Belastung, Aufl. 2012, S.24-25
[105] Grädler, Die Möglichkeiten der globalen Belastung, Aufl. 2012, S.25 (Re Florence Land and Public Works Company)
[106] Grädler, Die Möglichkeiten der globalen Belastung, Aufl. 2012, S.40-41

Weiteres klarstellendes Erfordernis ist, dass sowohl die floating charge wie auch die fixed charge in ein Register der Companies Houses eingetragen werden muss. Erst durch diesen Vorgang gilt das Vermögen als besichert und die Besicherung hat Wirkung gegenüber Dritten.[107]

Abschließend bleibt festzuhalten, dass die floating charge ein Sicherungs-instrument ist, das dem Sicherungsnehmer eine allumfassende Sicherheit gewährt ohne dabei in die Verfügungsbefugnisse des Sicherungsgebers einzugreifen. Sie ist ein Sicherungsinstrument, welches keine direkte Übereignung und Konkretisierung mit sich bringt.[108] Im Anschluss an die Vereinbarung unter den vorgenannten zu beachtenden Punkten und ihrer Eintragung in das Register, schwebt die floating charge als Wolke über dem besicherten Vermögen und greift erst im Besicherungsfall auf dieses zu, entfaltet Rechtswirkung und wird zu einer fixen Belastung.

III. Die Kristallisation und Ihre Wirkung für die Kreditpraxis

Die freie Wirkung der floating charge ändert sich erst, wenn der Be-sicherungsfall eintritt und die floating charge von einer schwebende Sicherheit über dem gesamten Vermögen zu einer fixed charge an konkretisiertem, individualisiertem Vermögen wird.[109] [110] In der Praxis und Lehre wird dieser Vorgang als Kristallisation bezeichnet, da sich die tatsächliche fixe Belastung des Vermögens in diesem Zeitpunkt wortwörtlich herauskristallisiert.

In diesem Zusammenhang ist zwingend zu klären, unter welchen Umständen und wann sich die floating charge wandelt und die Kristallisation erfolgt. Im Zuge dessen ist die richterliche Kristallisation von der vertraglich vereinbarte Kristallisation zu unterscheiden.

---

[107] Hirte/Bücker, Grenzüberschreitende Gesellschaften, Aufl. 2, S. 151, Rn. 151
[108] De Weijs/Bärenz/Connel, Financing in distress against security, IILR 2012,21 Rn. 25
[109] Kindler/Nachmann, Handbuch Insolvenzrecht Europa, Ergänz. 2, England und Wales, Rn. 50
[110] Grädler, Die Möglichkeiten der globalen Belastung, Aufl. 2012, S.54

1. Richterliche Kristallisation

Die sogenannte richterliche Kristallisation erfolgt aus Gründen, die per Gesetz beziehungsweise durch das Gericht vorgegeben sind. Im Grunde sind diese ähnlich dem deutschen Recht über die Insolvenzantragstellung einzuordnen. So wird von einer richterlichen Kristallisation typischerweise im Rahmen einer Liquidation der Gesellschaft oder der Einstellung ihrer Tätigkeit ausgegangen. Gleiches gilt bei der Benennung eines Verwalters durch das Gericht oder auf Antrag des Sicherungsnehmers.[111]

Es handelt sich bei der richterlichen Kristallisation also typischerweise um Ereignisse, die mit der wirtschaftlichen Krise des Sicherungsgebers einhergehen und nach deutschem Recht klassischerweise wohl zu diesem Zeitpunkt einen Insolvenzantrag begründen würden.

2. Vertragliche Kristallisation

Im Gegensatz zu den richterlichen Kristallisationsgründen sind die vertraglichen Gründe wesentlich mannigfaltiger, da die Sicherungsabrede, wie zuvor dargestellt, in Inhalt und Form frei ist und dadurch eine Vielzahl von Ereignissen benannt werden können, die zur Kristallisation der Sicherheit führen. Auch dies spielt natürlich einem Kreditinstitut in die Hände.

Als klassische Auslöseereignisse sind auch hier solche zu nennen, die auch im deutschen Sicherungsrecht bekannt sind. So kann eine Kristallisation durch einen Zahlungsverzug auf die Hauptforderung über einen bestimmten Zeitraum hinweg oder durch Zwangsvollstreckung seitens Dritter ausgelöst werden.[112] Ebenso denkbar ist die Vereinbarung einer festgelegten Grenze der Überschuldung, die die Kristallisation bei Überschreiten auslöst.[113] Letzten

---

[111] Grädler, Die Möglichkeiten der globalen Belastung, Aufl. 2012, S.54
[112] Grädler, Die Möglichkeiten der globalen Belastung, Aufl. 2012, S.57
[113] Grädler, Die Möglichkeiten der globalen Belastung, Aufl. 2012, S.54

Endes besteht für das Kreditinstitut die Möglichkeit, die Kristallisation an zahlreiche freie Ereignisse zu knüpfen.

Ein weiterer Umstand, der vor allem für Kreditinstitute interessant ist, ist die Möglichkeit des Sicherungsnehmers, ein vertragliches Recht zu vereinbaren, dass es ihm im Grunde jederzeit gestattet, die Kristallisation herbeizuführen und die floating charge in eine fixed charge zu wandeln.[114]

Es kann als Quintessenz für die Kreditpraxis festgehalten werden, dass gerade aufgrund der individuellen Gestaltungsmöglichkeiten in der Sicherungsabrede, für die Sicherungsnehmer die floating charge äußerst präzise und vorteilhaft angewendet werden kann. Der Sicherungsnehmer hat nicht nur ein allumfassendes Sicherungsrecht, er kann auch bestimmen, unter welchen Umständen dieses wirksam wird und hat so großen Einfluss auf die Kalkulation und Wahrscheinlichkeit seines eigenen Ausfallrisikos. Die Kreditinstitute als häufigste Sicherungsnehmer einer floating charge haben mit ihr ein Sicherungsinstrument zu Hand, das sich sehr gut kalkulieren und durch die Kristallisation verwerten lässt. Auf die Verwertungsreife der Sicherungsrechte wird im späteren gesondert eingegangen.

Diese vorgetroffenen Ausführungen der Kristallisation werfen die Frage auf, welche konkrete rechtliche Wirkung der floating charge, insbesondere vor und nach dem Vorgang der Kristallisation, zukommt.

3.   Rechtliche Wirkung vor der Kristallisation

Bevor sich die floating charge kristallisiert und damit in eine fixed charge wandelt, liegt sie nur als schwebende Sicherheit über dem Vermögen. Für die Frage, ob ihr zu dieser Zeit überhaupt eine rechtliche Bindungswirkung zukommt, haben sich in der Kreditpraxis des Vereinigten Königreichs zwei Theorien herausgestellt.

---

[114] Grädler, Die Möglichkeiten der globalen Belastung, Aufl. 2012, S.57

a.   Licence theory

Nach dieser Theorie ist der Sicherungsnehmer der floating charge bereits vor ihrer Kristallisation Inhaber eines dinglichen Rechts, welches jederzeit durchsetzbar ist und nur von einer konkludent erteilten Verfügungsermächtigung des Sicherungsgebers gehemmt ist.[115]

Dies steht jedoch im Widerspruch zu den bereits herausgearbeiteten Prinzipien der floating charge, deren Besonderheit es ist, dem Sicherungsgeber eine uneingeschränkte Verfügungsbefugnis zu belassen, bis der Besicherungsfall eintritt[116]. Ein Eingreifen - sei es auch nur theoretisch - durch Sicherungsgeber wird gerade nicht vorgesehen. Im Ergebnis wird diese Theorie der floating charge daher nicht gerecht.

b.   Mortage of future asset theory

Dem Grundgedanken der floating charge wesentlich dienlicher ist die sogenannte *mortage of future asset theory*, welche gerade keine Ermächtigung des Sicherungsnehmers für die Verfügungsbefugnis als notwendig erachtet.[117] Dem folgend kann der Sicherungsnehmer auch kein dingliches Recht von Beginn an erhalten, sondern dieses erst im Zuge der Kristallisation, also zu einem zukünftigen Zeitpunkt, erlangen.[118]

Dies kommt in der Gesamtbetrachtung dem Sinn und Zweck der floating charge wohl näher und ist daher zu begrüßen. Auch wenn beide Theorien vertreten sind stellt die *licence theory* eine ungleiche Verschlechterung der Situation des Sicherungsgebers dar, die den gesamten Vorgang unnötig erschwert.[119]

---

[115] Grädler, Die Möglichkeiten der globalen Belastung, Aufl. 2012, S.67
[116] Just, Die englische Limited in der Praxis, Aufl. 4, Top. VIII.4, Rn. 254
[117] Grädler, Die Möglichkeiten der globalen Belastung, Aufl. 2012, S.67
[118] Grädler, Die Möglichkeiten der globalen Belastung, Aufl. 2012, S.67
[119] Grädler, Die Möglichkeiten der globalen Belastung, Aufl. 2012, S.70

Es ist demnach festzuhalten, dass dem Sicherungsnehmer vor der Kristallisation lediglich eine rein zukunftsorientierte Rechtsbindung zukommt. Ein direktes Recht kommt ihm, nach beiden Theorien, per se noch nicht zu.

4.   Rechtliche Wirkung nach der Kristallisation

Entsprechend den im allgemeinen Teil getroffenen Aussagen kommt der floating charge ihre tatsächliche, bindende Rechtswirkung erst mit der Kristallisation zu, indem sie sich in ein dingliches Sicherungsrecht wandelt.[120] Das zu dem Zeitpunkt der Kristallisation vorhandene Vermögen wird erfasst.

Der Sicherungsnehmer kann demzufolge in das erfasste Vermögen die Verwertung betreiben. Betrachtet man die Möglichkeit der Verwertung, so ergab sich im Jahr 2002 eine einschneidende Rechtsreform im Vereinigten Königreich, die die Wirkung der floating charge verändert hat und auf die eingegangen werden soll.

a.   Situation bis 2002

In der Zeit bis zu der Insolvenzrechtsreform im Vereinigten Königreich im Jahr 2002 war es dem Sicherungsnehmer einer kristallisierten floating charge möglich, einen sogenannten *receiver* einzusetzen. Dieser war nur ihm verantwortlich und hat, ähnlich einem Insolvenzverwalter, das Vermögen des Unternehmens verwertet.[121] Dies kam dem Sicherungsnehmer einer floating charge sehr entgegen, da dieser somit vorrangig befriedigt wurde und sämtliche Erlöse aus den Aktiva ausschließlich dem Sicherungsnehmer zugeflossen sind.[122] Weitere Gläubiger mit bestehenden, fälligen Verbindlichkeiten standen dahinter zurück und gingen oftmals leer aus.

---

[120] Kindler/Nachmann, Handbuch Insolvenzrecht Europa, Ergänz. 2, England und Wales, Rn. 48
[121] Undritz, Rescue Culture und Unternehmenssanierung in England und Wales, NZI 2007, 574
[122] Müller-Seils, Neuerungen im englischen Unternehmensinsolvenzrecht, NZI 2003,409, S. 411

Für die Kreditpraxis stellte dies den besonderen Reiz der floating charge dar, da sie nicht nur durch geschickte vertragliche Abreden ein kalkulierbares allumfassendes Sicherungsrecht hatten, sondern auch ein Verwertungs-verfahren welches sie bestimmen konnten und das absoluten Vorzug gewährte.

b.   Situation nach 2002

Aufgrund der starken Benachteiligung der übrigen Gläubiger eines Unter-nehmens durch die Rechtsfolge der Kristallisation einer floating charge, wurde im Jahr 2002 im Zuge des *Enterprise Act* die Möglichkeit zur Bestellung eines *receivers* für alle ab diesem Zeitpunkt ausgegebenen floating charges abgeschafft.[123]

Um eine künftige Gleichbehandlung zu bewirken kann seitdem der Sicherungsnehmer der kristallisierten floating charge nur noch das Institut der sogenannten *administration* anrufen, durch das ein *administrator*, ähnlich einem deutschen Insolvenzverwalter, für die Befriedigung aller Gläubiger zu gleichen Teilen eingesetzt wird.[124]

Dies hat zur Folge, dass der floating charge nicht mehr die starke, vorrangige Verwertungsbefugnis zukommt wie vor dem Jahr 2002. Sie ist zwar noch mit einem Vetorecht gegen einen benannten *administrator* ausgestattet, dieses ist jedoch eher von marginaler Bedeutung. [125]

Auch wenn es im ersten Augenblick nicht so erscheinen mag, so stellt dies jedoch keinen Nachteil für das Sicherungsinstrument der floating charge aus der Sichtweise der Kreditinstitute dar. Zum Einen hat sich in der Praxis gezeigt, dass auch Sicherungsnehmer einer älteren floating charge das Institut der *administration* dem *receiver* vorgezogen haben.[126] Demnach haben auch

---

[123] Müller-Seils, Neuerungen im englischen Unternehmensinsolvenzrecht, NZI 2003,409, S. 411
[124] Kindler/Nachmann, Handbuch Insolvenzrecht Europa, Ergänz. 2, England und Wales, Rn. 11
[125] Müller-Seils, Neuerungen im englischen Unternehmensinsolvenzrecht, NZI 2003,419, S 410
[126] Münchner Kommentar Insolvenzordnung, Aufl. 2, Band 3, S. 1417, Rn. 18

Sicherungsnehmer, denen noch der Weg des *receivers* offen gestanden hätte, sich für den reformierten Weg entschieden.

Zum anderen können Kreditinstitute dank der exzellenten Möglichkeiten die Eigenschaften, Kristallisationsgründe und die Auskunftspflichten des Sicherungsgebers einer floating charge zu bestimmen das Ausfallsrisiko weiterhin sehr gering halten und kalkulierbar machen und auch Vorteile aus einer gezielten *administration* ziehen.

IV. Risiken der floating charge und Lösungen in der Kreditpraxis

Auch wenn die floating charge ein in der Kreditpraxis des Vereinigten Königreichs anerkanntes und häufig genutztes Sicherungsinstrument darstellt, so ist auch sie doch mit gewissen Risiken und Problemen behaftet. Ziel der Kreditpraxis muss es sein, diese zu erkennen, zu analysieren und zu minimieren.

Der wohl größte Nachteil der floating charge ist der, dass sie aufgrund ihrer Ausgestaltung als schwebende Sicherheit im Verwertungsfall einer fixed charge stets nachgeht.[127] Diesem Vorrang von bereits bestehenden fixed charges kann auch in der Praxis nicht entgegengewirkt werden. Es ist jedoch möglich, zu verhindern, dass zeitlich nach der Vereinbarung der floating charge neue Kollisionssachverhalte mit vorrangigen fixed charges erwachsen. Es ist in der Praxis der Kreditinstitute des Vereinigten Königreichs üblich, dass in den Sicherungsabreden Klauseln aufgenommen werden, welche es dem Sicherungsgeber und Darlehensnehmer untersagen, neue spätere Sicherheiten in Form einer fixed charge über sein Vermögen zu bestellen, die gegenüber der floating charge vorrangig sind.[128] So bleibt für den Sicherungsgeber zwar die Möglichkeit gewahrt, auch künftig wirtschaftlich zu arbeiten und Sicherheiten zu bestellen, es wird jedoch gleichzeitig verhindert, dass diese neuen Besicherungen der floating charge vorgehen. Diese Vorgehensweise hinterlässt

---

[127] Just, Die englische Limited in der Praxis, Aufl. 4, Top. VIII.4, Rn. 256
[128] Just, Die englische Limited in der Praxis, Aufl. 4, Top. VIII.4, Rn. 256

jedoch den Beigeschmack, dass dies den späteren und eigentlich vorrangigen Sicherungsgläubiger einer fixed charge benachteiligen könnte. Um dies zu vermeiden ist es zwingend notwendig, dass der spätere Sicherungsgläubiger Kenntnis von der zeitlich vorrangigen floating charge erlangt.[129] [130] Da es dem Kreditinstitut nicht zumutbar ist, sich in diesem Fall auf den Sicherungsgeber zu verlassen, ist es umso wichtiger zu prüfen, dass die unter Punkt C.II beschrieben Registrierung der floating charge im Company House tatsächlich und fristgerecht erfolgt. Hierbei kann und sollte in der Praxis zwingend gleichfalls die Eintragung der beschriebenen Vorrangigkeitsklausel, der sogenannten *negative pledge clause*, erfolgen.[131] Nur so entfalten diese Klauseln Rechtswirkungen gegenüber Dritten und das Kreditinstitut kann selbst gewährleisten, dass das Risiko der Vorrangigkeit von fixed charges zumindest für die Zukunft eingedämmt wird. Dies gilt jedoch nicht für Vermögen, das unter einem Eigentumsvorbehalt steht. Solche Vermögensgegenstände sind, wie bereits im allgemeinen Teil geschildert, erst gar nicht von der floating charge erfasst.[132]

Ein weiteres Problem, welches sich in der Kreditpraxis des Vereinigten Königreichs häufig stellt, hängt mit der finanziellen Lage der Sicherungsgeber zusammen. In den häufigsten Fällen brauchen Unternehmen immer dann frisches Geld, wenn sie sich in einer wirtschaftlichen Schieflage befinden. Geldgeber in diesen Situationen sind in den meisten Fällen die Kreditinstitute, die dem Unternehmen bereits zuvor liquide Mittel zur Verfügung gestellt haben und nun einen Ausfall fürchten und mit einem weiteren Kredit versuchen, das Unternehmen zu stabilisieren.[133] In solchen Fällen muss zwingend darauf geachtet werden, dass die floating charge als Sicherheit sich in der Sicherungsabrede nur auf den neuen zur Verfügung gestellten Kredit bezieht. Eine Besicherung aller Verbindlichkeit des Kreditinstituts in solchen wirtschaftlichen Schieflagen wird in aller Regel von den Gerichten des Vereinigten Königreichs nicht anerkannt und ist anfechtbar.[134]

---

[129] Just, Die englische Limited in der Praxis, Aufl. 4, Top. VIII.4, Rn. 256
[130] Grädler, Die Möglichkeiten der globalen Belastung, Aufl. 2012, S.74
[131] Just, Die englische Limited in der Praxis, Aufl. 4, Top. VIII.4, Rn. 256
[132] Grädler, Die Möglichkeiten der globalen Belastung, Aufl. 2012, S.74
[133] De Weijs/Bärenz/Connel, Financing in distress against security, IILR 2012,21 Rn. 21
[134] De Weijs/Bärenz/Connel, Financing in distress against security, IILR 2012,21 Rn. 27

Darüber hinaus kann allein die Bestellung einer floating charge für einen Neukredit im Zeitraum der wirtschaftlichen Krise anfechtbar sein, wenn die liquiden Mittel nicht ausschließlich zum Wohle und zur Restrukturierung des Kreditnehmers verwendet werden.[135] Gerade dieser Fall ist jedoch sowohl in der Kreditpraxis in Deutschland wie auch im Vereinigten Königreich Usus und an der Tagesordnung. Denn oft ist die wirtschaftliche Krise mit einer schweren Altlast und hoher Zinstilgungslast verbunden. Um sich hiervon zu lösen wird ein neuer Kredit aufgenommen mit verbesserten Konditionen, welcher die Altlasten ablösen soll. Genau ein solcher Fall ist jedoch von der Anfechtung einer floating charge aufgrund falscher Verwendung der liquiden Mittel erfasst.[136]

Die letzte und zugleich bedeutendste Schwäche der floating charge als Sicherheit wurde bereits unter Punkt C.II.4 geschildert und hängt mit der Veränderung durch den *Enterprise Act* im Jahr 2002 zusammen. Seit diesem ermächtigt die floating charge nicht länger dazu, einen persönlichen receiver zur Verwertung einzusetzen. [137] Es kann nur noch ein Verfahren angestrebt werden, welches die Befriedigung zu gleichen Teilen für alle Gläubiger vorsieht. Je größer die Anzahl an weiteren Gläubigern, desto höher ist der offenkundige Nachteil für ein Kreditinstitut als Sicherungsnehmer einer floating charge. Diesem Problem kann jedoch gut entgegengewirkt werden, indem die finanzielle Situation des Unternehmens durch das Kreditinstitut in regelmäßigen Abständen genau geprüft und überwacht wird, um so gegebenenfalls die Verwertung frühzeitig einzuleiten und damit sicherzustellen, dass noch nicht viele andere Gläubiger vorhanden sein.

V.   Zwischenfazit

Insgesamt ist festzuhalten, dass die floating charge eines der gängigsten Sicherungsinstrumente der Kreditpraxis des Vereinigten Königreichs ist. Dies hat mehrere, sehr gut nachvollziehbare Gründe.

---

[135] De Weijs/Bärenz/Connel, Financing in distress against security, IILR 2012,21 Rn. 27
[136] De Weijs/Bärenz/Connel, Financing in distress against security, IILR 2012,21 Rn. 27
[137] Müller-Seils, Neuerungen im englischen Unternehmensinsolvenzrecht, NZI 2003,409, S. 411

Sie ist zum einen absolut allumfassend ausgestaltet, sodass sie über jeglichem Vermögen des Sicherungsgebers schwebt. Ausgenommen hiervon sind lediglich Gegenstände, die nicht im Eigentum des Sicherungsgebers stehen. Sie umfasst damit sowohl das Anlage- wie auch das Umlaufvermögen. Darüber hinaus bietet sie dem Sicherungsgeber eine hohe Freiheit, da sie keine Wirkung auf seine Verfügungsbefugnis entfaltet und sich erst im Besicherungsfall auf das Vermögen absenkt und sich in eine fixed charge wandelt.

Sich stellende Probleme und Risiken können dank einer völlig freien Gestaltung der Sicherungsabrede unter Beachtung gewisser Besonderheiten und Eintragungspflichten, sehr gut im Vorhinein behandelt und Kollisionen minimiert werden.

Als Kreditinstitut ist es bei einer floating charge daher unerlässlich vorauszudenken und bereits in der Ausgestaltung der Sicherungsabrede auf mögliche Problemkonstellationen einzugehen und diese damit im Vorhinein zu verhindern. Entscheidend hierfür ist alleine das Vorgehen zu Beginn des Kreditgeschäfts in der Ausgestaltung der Sicherungsabrede und der Eintragung beziehungsweise Bestellung der Sicherheit sowie ihrer Überwachung, wie sie im Rahmen eines jeden Kreditgeschäfts erfolgen sollte.

D.   Bewertung und Überwachung von Sicherheiten in der Praxis

Unerlässlich für jedes Kreditgeschäft in der Praxis ist, ganz gleich ob sich das Geschäft auf nationaler oder internationaler Ebene befindet, eine anfängliche Prüfung, Kalkulation und Bewertung der Sicherheiten. Dies trifft in gleichem Maße deutsche Kreditinstitute sowie Kreditinstitute des Vereinigten Königreichs im Rahmen der Vereinbarung einer floating charge.

I.   Die Bewertungspraxis

Entscheidend für die Vereinbarung einer Sicherheit ist demnach, neben den Kriterien über das Darlehen, bestmöglichen Formulierung und Ausarbeitung, vor allem auch die Frage auf welche Weise und vor allem in welcher Höhe das Sicherungsgut bewertet werden kann.

Diese Information ist gerade für Kreditinstitute unerlässlich, da diese berechnen müssen, ob die angebotenen Sicherheiten das Darlehen ausreichend besichern oder ob ein Ausfallsrisiko besteht.[138] Das Kreditinstitut als Sicherungsnehmer sollte daher immer überwachen, dass zumindest ein minimaler Deckungsbestand vorhanden ist.[139] Aber auch für den Sicherungsgeber ist die Frage der Bewertung des Sicherungsguts nicht unerheblich, da es augenscheinlich in seinem Interesse liegt, nicht zu viele Sicherheiten zu leisten und so eine Übersicherung herbeizuführen.

Es muss daher geklärt werden, auf welchen Wert das Kreditinstitut bei der Kalkulation abstellen muss. Der erste Gedanke geht in Richtung des Marktwertes, der einem jedem Sicherungsgut zukommt. So werden Waren zu einem bestimmten Marktwert gehandelt. Dieser Wert erweist sich jedoch aus zweierlei Gründen für eine Bewertung der Raumsicherungsübereignung und der floating charge als ungeeignet. Zum Einen ist der Markt in der Regel einer viel zu starken Schwankungsbreite unterworfen, als dass ein Sicherungsgut korrekt für den Verwertungszeitpunkt kalkuliert werden kann.[140] Zum Anderen ist davon auszugehen, dass eine Verwertung von Sicherheiten häufig nur mit Abschlägen einhergeht und auch der im Zeitpunkt der Verwertung der gültige Marktwert nicht erreicht werden kann.[141] [142]

---

[138] Wabnitz/Janovsky, Handbuch Wirtschafts- und Steuerstrafrechts, Aufl.3, Rn. 205
[139] Hundt, Kreditwürdigkeitsprüfung u. Bewertung von Sicherheiten, BC 2003,38, Rn.42
[140] Boos/Fischer/Schulte-Mattler, Kreditwesengesetz, Aufl. 4,S. 1995, Rn. 15
[141] Boos/Fischer/Schulte-Mattler, Kreditwesengesetz, Aufl. 4,S.1995, Rn. 15
[142] Hundt, Kreditwürdigkeitsprüfung u. Bewertung von Sicherheiten, BC 2003,38, Rn.42

Daher ist, um eine möglichst präzise Berechnung für die Kreditinstitute zu erreichen, als Bewertungsmaßstab auf den realisierbaren Wert der Sicherheiten abzustellen.[143] Es muss also bei der ursprünglichen Einschätzung der Sicherheit bereits eine Bewertung dieser anhand ihres tatsächlichen, realisierbaren Wertes vorgenommen werden. Aufgrund der allgemeinen Praxis und Erfahrung sollten Kreditinstitute bei solch einer Betrachtung immer vom schlechtesten Fall ausgehen, also auch eine mögliche Verwertung unter Zwangsmitteln nicht ausschließen.[144]

Unter dem realisierbaren Wert ist in der allgemeinen Praxis der Wert zu verstehen, der dem Sicherungsgut im Rahmen einer Zerschlagung oder Veräußerung unter Zwangsmitteln zukommt.[145] Da dieser jedoch gleichfalls, aus identischen Gründen wie bei einer Marktwertbetrachtung nur schwer kalkulierbar ist, behilft sich die Praxis mit festgesetzten Bewertungsmaßstäben. Gerade bei revolvierenden Sicherheiten, wie es die Raumsicherungsübereignung und auch die floating charge sind, ist nach gängiger Auffassung ein Abschlag von einem Drittel auf den Marktwert des Umlaufvermögens einzukalkulieren und in der Berechnung in Ansatz zu bringen.[146] [147] [148] [149] Dies betrifft vor allem die Gegenstände des Warenlagers und Forderungen, wie sie klassischerweise häufig von den zwei betrachteten Sicherungsinstrumenten erfasst sind. In einzelnen Fällen, gerade bei der Übereignung einzelner Mobilien, was bei der floating charge möglich ist, kann auch mit einem Schätzwert gearbeitet werden, der sich an dem derzeitigen Marktwert orientiert.[150]

Von einer Bewertung selbstverständlich auszunehmen sind bei beiden Sicherungsinstrumenten die Aktiva, die unter Eigentumsvorbehalt, also nicht im Eigentum des Sicherungsgebers oder unter einem Vermieterpfandrecht stehen und damit auch nicht verwertbar wären.[151]

---

[143] Bunte, AGB-Banken und Sonderbedingungen, Aufl. 3, Nr. 16, Rn. 379
[144] Hundt, Kreditwürdigkeitsprüfung u. Bewertung von Sicherheiten, BC 2003,38, Rn.42
[145] Bunte, AGB-Banken und Sonderbedingungen, Aufl. 3, Nr. 16, Rn. 381
[146] Krepold/Fischbeck, Bankrecht, Aufl.2009, S. 180, Rn. 4.1.3.3.2
[147] Bunte, AGB-Banken und Sonderbedingungen, Aufl. 3, Nr. 16, Rn. 381
[148] Claussen, Bank- und Börsenrecht, Aufl. 4, S. 297, Rn. 166
[149] Wenzel/Gratias, Allgemeine Fragen der Kreditsicherung, Aufl. 1, S. 85, Rn. 4/165
[150] Krepold/Fischbeck, Bankrecht, Aufl.2009, S. 180, Rn. 4.1.3.3.3
[151] Krepold/Fischbeck, Bankrecht, Aufl.2009, S. 179, Rn. 4.1.3.3.2

Der zuvor eruierte Abschlag von einem Drittel sollte, gerade bei der Übereignung des Warenlagers bei einer Raumsicherungsübereignung, schriftlich festgehalten werden, da der ständig wechselnde Bestand des Warenlagers diese Sicherheit natürlich ungleich schwieriger kalkulierbar macht. Entsprechendes gilt für den wechselnden Bestand an Aktiva bei einer floating charge.

Insoweit trägt der von der Lehre anerkannte Abschlag dem erhöhten Ausfallrisiko des Kreditinstituts bei schwebenden, revolvierenden Sicherungsinstrumenten Rechnung und ermöglicht es so kalkulatorisch genauer den Deckungsrahmen des Kreditgeschäfts zu ermitteln. Dies führt jedoch häufig bei den Sicherungsgebern zu einer gefühlten Übersicherung,[152] da letzten Endes vorsorglich und Aufgrund des Abschlags mehr Sicherungsgüter erfasst werden müssen, als am Ende notwendig. Nur so jedoch ist es dem Kreditinstitut überhaupt möglich, ein Kreditgeschäft in vernünftiger Art und Weise kalkulierbar zu machen und die Risiken zumindest ein Stück weit zu minimieren, beziehungsweise zu erkennen und zu überwachen.

Gerade aus dem letztem Grund und aus der zuvor beschriebenen Kollisionsproblematik mit mehreren Gläubigern, sollten daher auch die Sicherheitsgüter und die Verwertungsreife des Sicherungsabrede regelmäßig geprüft werden und neue Berechnungen erfolgen, um Veränderungen im Wert rechtzeitig zu bemerken, diese zu kommunizieren und entsprechend dagegen zusteuern.[153] Nur auf diesem Weg kann eine dauerhafte und praxisnahe Bewertung der Sicherheit erfolgen.

II.   Überwachungssysteme und Sicherheitenprüfung für Kreditinstitute

Neben der im vorherigen Abschnitt geschilderten Problematik der Bewertung einer revolvierenden Sicherheit umfasst, eine weitere Problematik die Frage,

---

[152] Hundt, Kreditwürdigkeitsprüfung u. Bewertung von Sicherheiten, BC 2003,38, Rn.42
[153] Schimansky/Bunte/Lwowski, Bankrechts-Handbuch, Aufl. 4, § 114, Anhang (g), Top. 2

wann und unter welchen Voraussetzungen die Verwertungsreife, das heißt der Besicherungsfall des Kreditgeschäfts, eintritt.[154] [155] [156]

Es wurde bereits herausgearbeitet, dass dies von unterschiedlichen Faktoren abhängen und auch in der Sicherungsabrede frei vereinbart werden kann[157]. Mithin stellt die Verwertung der Sicherheit in einem Kreditgeschäft eines der wichtigsten Rechte des Sicherungsnehmers dar.[158] Beispielhaft sei auf die richterliche und vertragliche Kristallisation der floating charge verwiesen.

Der Zeitpunkt der Verwertungsreife, also der Zeitpunkt der Fälligkeit der Sicherheit, ist für die Kreditpraxis von eklatanter Bedeutung, da hiervon stark die unterschiedlichen Befriedigungsmöglichkeiten abhängen.[159] Ist die Verwertungsreife eingetreten, ohne dass dies bemerkt wurde, so verringert sich eventuell kontinuierlich das noch zur Verfügung stehende Vermögen und es kann passieren, dass mehr und mehr Verbindlichkeiten fällig werden und in Konkurrenz treten. Dadurch erhöht sich das Ausfallrisiko eklatant.[160] Gerade dies stellt ein erhebliches Problem in der Verwertung der floating charge, wie sich aus Punkt C.IV ergibt, dar.

Es ist daher für die Praxis von immenser Wichtigkeit, dass die Umstände, die eine Verwertungsreife auslösen, möglichst konkret in der Sicherungsabrede erfasst sind. Dies gilt für beide Sicherungsinstrumente gleicher Maßen, wie bereits unter den Punkten B.II.2 und C.III dargestellt.

Neben der möglichst konkreten vertraglichen Regelung der Verwertungsreife ist es umso wichtiger für Kreditinstitute, eine regelmäßige Prüfung der Sicherheiten im Laufe des Kreditgeschäfts vorzunehmen. Zum Einen muss geprüft werden, ob die gestellten Sicherheiten noch werthaltig sind und zum Anderen, ob die

---

[154] Krepold/Fischbeck, Bankrecht, Aufl.2009, S. 171, Rn. 4.1.2
[155] Schimansky/Bunte/Lwowski, Bankrechts-Handbuch, Aufl. 4, § 95, Rn. 16-19
[156] Grädler, Die Möglichkeiten der globalen Belastung, Aufl. 2012, S.54
[157] Grädler, Die Möglichkeiten der globalen Belastung, Aufl. 2012, S.57
[158] Wenzel/Gratias, Allgemeine Fragen der Kreditsicherung, Aufl. 1, S. 111, Rn. 4/263
[159] Schimansky/Bunte/Lwowski, Bankrechts-Handbuch, Aufl. 4, § 77, Rn. 30
[160] Schimansky/Bunte/Lwowski, Bankrechts-Handbuch, Aufl. 4, § 77, Rn. 30

Verwertungsreife eingetreten ist. Davon ist in aller Regel immer dann auszugehen, wenn eine erhebliche Verschlechterung der Vermögensverhältnisse des Kreditnehmers und Sicherungsgebers eingetreten ist.[161] [162] [163] [164] Dies muss jedoch zur Überzeugung des Kreditinstitutes feststehen und geprüft werden.

Die ersten und am einfachsten zu überprüfenden Indizien für eine Verschlechterung der Vermögenssituation, die es in der Kreditpraxis zu beachten gilt, sind jene, die dem Kreditinstitut ohne Ermittlungsaufwand vorliegen. Demzufolge sollte ein Kreditinstitut unbedingt eine weitere Prüfung der Vermögensverhältnisse des Sicherungsgebers einleiten, wenn dieser mit der Tilgung des besicherten Kredits oder auch nur den Zinsen rückständig für einen gewisse Zeitspanne ist.[165] [166] Es ist die Hauptpflicht des Darlehensnehmers aus einem Kreditvertrag, den gewährten Betrag inklusive anfallender Zinsen zurückzuführen.[167] Wird dies unterlassen oder erfolgt nicht in der vereinbarten Form, so stellt dies einen Verstoß gegen die Rechte und Pflichten aus dem Kreditvertrag dar und gibt Anlass zur Prüfung der mit dem Vertrag verbundenen Kreditsicherheiten.

Weitere Indizien für eine Sicherheitenprüfung, die für das Kreditinstitut mehr oder minder leicht nachvollziehbar erscheinen, sind Zwangsvollstreckungsmaßnahmen, die Bestellung weiterer Sicherheiten oder laufende Verluste, welche sich aus den Geschäftsunterlagen des Sicherungsgebers erkennen lassen.[168] [169] [170]

All diese genannten Umstände können Anzeichen dafür sein, dass der Geschäftsbetrieb des Kreditnehmers gestört ist und wirtschaftlich nicht

---

[161] OLG Frankfurt v. 10.01.2003, 10 U 122/02, BLKR 2003, 870;Leistatz
[162] OLG Brandenburg v. 16.01.2002, 14 U 123/01, NJOZ 2002, 1826, Leitsatz
[163] Schimansky/Bunte/Lwowski, Bankrechts-Handbuch, Aufl. 4, § 77, Rn. 30
[164] Wenzel/Gratias, Allgemeine Fragen der Kreditsicherung, Aufl. 1, S. 111, Rn. 4/35
[165] Grädler, Die Möglichkeiten der globalen Belastung, Aufl. 2012, S.56
[166] OLG Brandenburg v. 16.01.2002, 14 U 123/01, NJOZ 2002, 1826, S. 1826
[167] Krepold/Fischbeck, Bankrecht, Aufl.2009, S. 107, Rn. 3.1.1
[168] Krepold/Fischbeck, Bankrecht, Aufl.2009, S. 120, Rn. 3.1.5.6.2
[169] Wenzel/Gratias, Allgemeine Fragen der Kreditsicherung, Aufl. 1, S. 111, Rn. 4/35
[170] OLG Brandenburg v. 16.01.2002, 14 U 123/01, NJOZ 2002, 1826, S. 1826

einwandfrei läuft. Mit einer solchen Störung steht und fällt das Ausfallrisiko des Kreditgebers gleichermaßen, da der ausgereichte Kredit nur bei wirtschaftlicher Leistungsfähigkeit vom Kreditnehmer getilgt werden kann.[171]

Liegen die genannten Indizien vor, ist seitens des Kreditinstitutes unbedingt eine Überprüfung der Vermögensverhältnisse und der tatsächlichen Verschlechterung vorzunehmen, die Kreditforderung gegebenenfalls fällig zu stellen und die Sicherheitsverwertung einzuleiten.[172] [173] Gleichfalls wird ausgeschlossen, dass es sich nur um eine mögliche kurzzeitige und einmalige Verschlechterung handelt.[174] [175]

Für die Frage, auf welcher Art und Weise eine solche Sicherheitenprüfung beziehungsweise Prüfung der Vermögensverschlechterung erfolgen soll, lassen sich mehrere denkbare Ansätze bilden. Dabei ist jedoch zu beachten, dass diese Prüfung nicht allein stur anhand eines Systems erfolgen kann, sondern vielmehr eine Gesamtschau notwendig ist.[176] Es ist zu prüfen, ob eine Vermögensverschlechterung tatsächlich eingetreten ist und wie mit Hilfe der Sicherheitenverwertung die Chancen auf Befriedigung des Kreditinstituts stehen.[177]

Eine Möglichkeit zur Überprüfung der Vermögenssituation besteht in der Kontrolle der Jahresabschlüsse und Bilanzen des Sicherungsgebers.[178] [179] Ergibt sich aus diesen bereits eine bilanzielle Überschuldung, so ist es zwingend erforderlich, die Forderung fällig zu stellen und die Verwertung der Sicherheiten einzuleiten. Die vereinbarte Rückführung des Darlehens ist zu diesem Zeitpunkt bereits stark gefährdet. Eine weitere, wichtige Größe zur Prüfung der Vermögenssituation und damit letztlich auch der Sicherheit ist der Cashflow, der Überschuss an zur Zahlung zur Verfügung stehenden Mitteln.[180]

---

[171] Schimansky/Bunte/Lwowski, Bankrechts-Handbuch, Aufl. 4, § 77, Rn. 30
[172] Claussen, Bank- und Börsenrecht, Aufl. 4, S. 234, Rn. 38
[173] Pannen/Deuchler/Kahlert/Undritz, Sanierungsberatung, RWS-Skript 339, Rn.12
[174] Claussen, Bank- und Börsenrecht, Aufl. 4, S. 234, Rn. 38
[175] OLG Frankfurt v. 10.01.2003, 10 U 122/02, BLKR 2003, 870;S. 871
[176] OLG Frankfurt v. 10.01.2003, 10 U 122/02, BLKR 2003, 870;S. Leitsatz + S. 871
[177] Schimansky/Bunte/Lwowski, Bankrechts-Handbuch, Aufl. 4, § 77, Rn. 32
[178] Steffek, Wrongfull Trading – Grundlagen und Spruchpraxis, NZI 2010,589, S.595
[179] Pannen/Deuchler/Kahlert/Undritz, Sanierungsberatung, RWS-Skript 339, Rn.17
[180] Pannen/Deuchler/Kahlert/Undritz, Sanierungsberatung, RWS-Skript 339, Rn.17

Zum Anderen kann der Sicherungsgeber zu einer Selbstauskunft über seine persönlichen wirtschaftlichen Verhältnisse angehalten werden.[181] Dies erscheint in der Kreditpraxis jedoch bedenklich, da diese Auskünfte nicht objektiv beurteilt werden können. Eine Selbstauskunft über die Vermögensverhältnisse ist damit für sich alleine als ungeeignet einzustufen.

Bei Vorliegen der benannten Indizien erscheint hier die Durchführung einer Liquiditätsprognose für die Zukunft die bessere Wahl zur Prüfung der Vermögensverschlechterung. [182] [183] Dies kann sehr gut anhand einer Gegenüberstellung der Aktiva und Passiva des Sicherungsgebers erfolgen, ähnlich der Liquiditätsberechnung wie sie von einem Insolvenzverwalter zur Prüfung der Zahlungsunfähigkeit durchgeführt wird.[184] Ergibt sich aus dieser Gegenüberstellung, dass die bestehenden und fälligen Verbindlichkeiten des Sicherungsgebers nicht gedeckt sind, so kann von einer wesentlichen Verschlechterung der Vermögensverhältnisse und damit verbunden einer Erhöhung des Ausfallrisikos des Kreditinstitutes ausgegangen werden. Für diese Berechnung können und sollten Kreditinstitute auf zertifizierte Liquiditäts-berechnungsmodelle, wie zum Beispiel den IDW Prüfungsstandard EPS 800, zurückgreifen, um eine klare Beurteilung der Situation zu erreichen. [185]

Um die Prüfung der Vermögensverhältnisse und der Sicherheit, ganz gleich ob durch Prüfung der Geschäftsunterlagen oder durch Erstellung einer Liquiditätsberechnung, von Beginn an zu erleichtern, ist es für die Praxis ratsam. in dem Kreditvertrag Berichtspflichten des Kreditnehmers zu verein-baren. Das Kreditinstitut sollte darauf bestehen, dass der Kreditnehmer sich dazu verpflichtet, die Geschäftsunterlagen wie die Jahresabschlüsse regelmäßig einzureichen. Darüber hinaus sollte vereinbart werden, dass Gewinn- und Verlustrechnungen zumindest quartalsweise zu erstellen und zur Prüfung dem Kreditinstitut einzureichen sind. Ein Verstoß gegen diese

---

[181] OLG Brandenburg v. 16.01.2002, 14 U 123/01, NJOZ 2002, 1826, S. 1826
[182] OLG Frankfurt v. 10.01.2003, 10 U 122/02, BLKR 2003, 870;S. 871
[183] Wenzel/Gratias, Allgemeine Fragen der Kreditsicherung, Aufl. 1, S. 111, Rn. 4/34
[184] Farr, Besteuerung der Insolvenz, Aufl. 1, Zweiter Teil, Rn. 89
[185] Geis, Carsten, Praktische Liquiditätsplanung, www.carsten-geis.de, 05.12.2013

Berichtspflicht sollte gleichfalls als Indiz für den Eintritt der Verwertungsreife vereinbart werden.

Zusammenfassend zeigt sich, dass, ganz gleiche welches Sicherungsrecht betroffen ist, neben der konkreten Bewertung der Sicherheit auch die strenge Überwachung des Kreditgeschäfts erforderlich ist. Wie dargestellt hängt die Befriedigung des Kreditinstituts aus der Sicherheit stark von dem rechtzeitigen Erkennen der Vermögensverschlechterung und der damit verbundenen zügig eingeleiteten Verwertung ab. Daher ist es unerlässlich, dass Kreditinstitute ihre Geschäfte und die verbundenen Sicherheiten anhand der genannten Indizien überwachen und eine Prüfung der Vermögenslage mit Hilfe der benannten Systeme vornehmen. Dies gilt sowohl für die beiden in dieser Arbeit thematisierten Sicherungsrechte, sowie für alle anderweitigen Sicherungsrechte gleichermaßen. Die Prüfung und Überwachung hat in der Praxis aller Länder immer höchste Relevanz im Kreditsicherungsrecht.

E.   Gegenüberstellung beider Sicherungsinstrumente für die Praxis

Nachdem beide Sicherungsrechte für die Praxis der Kreditinstitute umfassend dargestellt und erläutert wurden, drängt sich die Frage auf, welches Kreditinstrument sich nach objektiven Kriterien besser für die globale Praxis eignet und wie Vor- und Nachteile gegeneinander abzuwägen sind.

Sowohl bei der Raumsicherungsübereignung wie auch bei der floating charge handelt es sich um revolvierende Sicherheiten, die zunächst keine dingliche Bindungswirkung an dem Sicherungsgut aufbauen sondern über ihm schweben.[186][187][188] Beide Sicherungsinstrumente konkretisieren sich damit erst im Zeitpunkt der Verwertungsreife, indem sie dingliche Wirkung über die Sicherungsgüter entfalten. Die Sicherungsrechte sind dadurch zwar keinesfalls identisch, jedoch sind sie sehr ähnlich ausgestaltet und am besten vergleichbar.

---

[186] Krepold/Fischbeck, Bankrecht, Aufl.2009, S. 213, Rn. 4.4.4.1
[187] De Weijs/Bärenz/Connel, Financing in distress against security, IILR 2012,21 Rn. 25
[188] Kindler/Nachmann, Handbuch Insolvenzrecht Europa, Ergänz. 2, England und Wales, Rn. 50

Nichtsdestotrotz, oder gerade deswegen, liegt ihr wohl größter Unterschied in der Erfassung der Sicherungsgüter, was zugleich einen Praxisvorteil der floating charge aus Sicht der Kreditinstitute darstellt. Wie unter Punkt B.II.2 dargelegt erfasst die Raumsicherungsübereignung das bewegliche Vermögen des Sicherungsgebers, klassischer Weise das Warenlager, welches in einen bezeichneten, begrenzten Sicherungsraum gelangt.[189] Die floating charge hingegen ist in der Erfassung der Sicherungsgüter unbegrenzt. Dies bedeutet, dass sie sowohl Anlage- als auch Umlaufvermögen erfasst und dies ohne eine Spezifizierung hinsichtlich Sicherungsort oder Zeitpunkt.[190] [191] Sie umfasst damit, rein mathematisch betrachtet, eine viel größere Summe an Sicherungs-gütern aus dem Vermögen des Sicherungsgebers im Vergleich zu der Raumsicherungsübereignung. Dies stellt für ein Kreditinstitut, dessen Hauptinteresse eine bestmögliche und weitreichende Sicherheit seien muss, einen immensen Vorteil dar. Je mehr Vermögen erfasst ist, desto mehr Vermögen kann auch im potentiellen Verwertungsfall verwertet werden.

Ein weiterer hervorzuhebender Unterschied ist die Behandlung von Kollisions-sachverhalten mit anderweitigen Sicherungsrechten. Wie unter Punkt B.II.3 dargestellt ist die Kollision der Raumsicherungsübereignung mit anderweitigen Sicherungsrechten ein großes Problem der deutschen Kreditpraxis. Häufigster Fall ist die Kollision mit dem Vermieterpfandrecht, welche sich zwangsläufig aufgrund der räumlichen Bezugnahme der Raumsicherungsübereignung ergibt.[192] [193] Das Problem für die Kreditpraxis, dass sich hier zeigt, ist der grundsätzliche Vorrang des Vermieterpfandrechts. Dieser Vorrang kann nur anhand geschickter vertraglicher Verhandlungen umgangen werden. Insoweit wird auf Punkt B.II.3.b verwiesen. Ähnliche Kollisionsprobleme stellen sich auch bei der Bestellung einer floating charge nach dem Recht des Vereinigten Königreichs. Auch die floating charge kann mit anderweitigen Sicherungs-rechten in der Kreditpraxis kollidieren. Häufigster Fall ist hier die Kollision mit einer fixed charge welche, ähnlich dem Vermieterpfandrecht bei der Raumsicherungsübereignung, stets Vorrang gegenüber der floating charge

---

[189] Weber, Kreditsicherheiten, Aufl. 7, S. 161
[190] Kindler/Nachmann, Handbuch Insolvenzrecht Europa, Ergänz. 2, England und Wales, Rn. 50
[191] Grädler, Die Möglichkeiten der globalen Belastung, Aufl. 2012, S.22
[192] Uhlenbruck, Insolvenzordnung, Aufl. 13, S.879, Rn.24
[193] Krepold/Fischbeck, Bankrecht, Aufl.2009, S. 212, Rn. 4.4.4.3

genießt, entsprechend unter Punkt C.IV dargestellt.[194] Während jedoch im Fall der Raumsicherungsübereignung komplexe vertragliche Verhandlungen und Gestaltungen von Nöten sind, um diesen Vorrang zu umgehen, kann das Kreditinstitut bei der Vereinbarung einer floating charge eine Klausel aufnehmen, die lediglich die Vereinbarung nachrangiger fixed charges zulässt. Sobald diese Klausel im Sicherheitenregister der Companie Houses eingetragen ist, entfaltet sie auch Wirkung gegenüber Dritten.[195] Ab diesem Zeitpunkt ist die Bestellung von fixed charges, die der floating charge im Rang vorgehen, unmöglich. Für Kreditinstitute zeigt sich, dass Kollisionsprobleme der floating charge wesentliche einfacher und eleganter gelöst werden können, als es bei der Raumsicherungsübereignung der Fall ist. Dies stellt für die Praxis einen erheblichen Vorteil dar, weil durch die bessere Vermeidbarkeit von Kollisionssachverhalten und der Vermeidung der Nachrangigkeit der floating charge das Ausfallrisiko des Kreditinstituts verringert wird. Die floating charge als Sicherheit ist in diesem Zusammenhang wesentlich besser kalkulierbar. Gegenstände, die nicht im Eigentum des Sicherungsgebers stehen, werden bei beiden Sicherungsrechten gleichermaßen nicht erfasst.

Hinsichtlich der vertraglichen Gestaltungsfreiheit im Rahmen der Sicherungs-abrede kommt beiden Sicherungsrechten im Wesentlichen dieselbe Freizügig-keit zu. Die Kreditinstitute können bei beiden Sicherungsrechten den Inhalt frei bestimmten und die Verträge unterliegen einer grundsätzlichen Formfreiheit, von der lediglich aus beweistechnischen Gründen abzuweichen ist.[196] [197]

Obwohl beide Sicherungsrechte in ihrer vertraglichen Bestellung sehr identisch sind, muss doch bei der Bestellung der Raumsicherungsübereignung der Bestimmtheitsgrundsatz des deutschen Rechts gewährt werden. Dieser besagt, dass die erfassten Vermögenswerte im Zeitpunkt der Bestellung genau bezeichnet sein müssen.[198] Für die Einzelheiten wird auf Punkt B.II.2 Bezug genommen. Ein solcher Grundsatz ist der floating charge dagegen fremd,

---

[194] Just, Die englische Limited in der Praxis, Aufl. 4, Top. VIII.4, Rn. 256
[195] Just, Die englische Limited in der Praxis, Aufl. 4, Top. VIII.4, Rn. 256
[196] Weber, Kreditsicherheiten, Aufl. 7, S. 160
[197] Grädler, Die Möglichkeiten der globalen Belastung, Aufl. 2012, S.44-45
[198] Riggert, Die Raumsicherungsübereignung, NZI 2000/241, Top I

sodass sich aus dieser Vereinfachung ein Vorteil der floating charge für die Kreditpraxis ergibt. Auch wenn dieser Vorteil in Anbetracht der Mustervorgabe des Bundesgerichtshof[199] als nicht besonders Bedeutsam erscheint, so ist es für Kreditinstitute bei der Bestellung der floating charge doch eine Sorge weniger.

Der letzte große hier zu betrachtende Unterschied ist der Verwertungsfall der beiden Sicherungsrechte. Sobald die besicherte Forderung fällig gestellt ist und die Verwertungsreife der Sicherheit eingetreten ist, stehen dem Kreditinstitut als Sicherungsnehmer einer Raumsicherungsübereignung zahlreiche Verwertungsmöglichkeiten zu. Im Wesentlichen kann das Kreditinstitut auf alle Möglichkeiten des deutschen Zwangsvollstreckungsrechts zurückgreifen. Selbst wenn weitere Gläubiger vorhanden sind und diese einen Insolvenzantrag stellen, begründet die Raumsicherungsübereignung ein Absonderungsrecht nach § 51 InsO, welches die vorrangige Befriedigung des Sicherungsnehmers aus dem Sicherungsrecht garantiert.[200]

Ähnlich verhielt es sich bis zur Einführung des Enterprise Act im Jahr 2002 auch bei der floating charge. Das Kreditinstitut als Sicherungsnehmer konnte hier einen eigenen receiver einsetzen, der das erfasste Vermögen ausschließlich zur Befriedigung des Kreditinstitutes verwertet hat.[201] Seit 2002 ist dies nicht mehr möglich. Dem Sicherungsnehmer ist es nur noch möglich, ein Administrationsverfahren einzuleiten, dass jedoch die gleichmäßige Befriedigung aller Gläubiger vorsieht.[202] Gerade bei mehreren Gläubigern, oder gar einem Insolvenzverfahren über das Vermögen des Sicherungsgebers, gestalten sich die Befriedigungsmöglichkeiten eines Kreditinstituts als Sicherungsnehmer einer Raumsicherungsübereignung besser. Dies macht im Falle der Verwertung einen erheblichen Vorteil der Raumsicherungsübereignung aus, dem nur durch geschickte Kontrolle und Prüfung der Sicherheiten entgegengewirkt werden kann. Insoweit wird auf Punkt D.II verwiesen.

---

[199] BGH v. 26.06.2008, IX ZR47/05, ZIP 2008,1437
[200] Googer, Insolvenzgläubiger-Handbuch, Aufl. 3, Rn. 90
[201] Müller-Seils, Neuerungen im englischen Unternehmensinsolvenzrecht, NZI 2003,409, S. 411
[202] Kindler/Nachmann, Handbuch Insolvenzrecht Europa, Ergänz. 2, England und Wales, Rn. 11

Abschließend ist festzuhalten, dass beide betrachteten Sicherungsinstrumente sehr ähnlich in ihrem Grundansatz und ihrer Bestellung sind. Bei genauerer Betrachtung, aus der Perspektive der Kredit- und Bankenpraxis, fällt jedoch auf, dass sich gewisse Vor- und Nachteile ergeben. In der Summe dieser erscheint, trotz der Veränderung durch die Einführung des Enterprise Act im Jahr 2002, die floating charge als praktikabler für den Sicherungsnehmer. Sie stellt das besser kalkulierbare und händelbare Sicherungsrecht dar. Dies spiegelt sich nicht zuletzt auch darin wieder, dass die floating charge in dem Vereinigten Königreich eines der am häufigsten genutzten Sicherungsrechte in der Kreditpraxis ist und als Vorbild für Kreditsicherungssysteme zahlreicher anderer Länder gedient hat.[203] Gerade angesichts einer immer weiter fortschreitenden Globalisierung, auch in der Kredit- und Bankenpraxis, ist das Sicherungs-instrument der floating charge vorzugswürdig.

Dadurch drängt sich jedoch die Frage auf, ob und in welchem Ausmaß die floating charge Relevanz auf dem deutschen Kredit- und Kapitalmarkt entwickeln kann. Nicht zuletzt vor dem Hintergrund, dass immer mehr Unternehmen des Vereinigten Königreichs auch Vermögenswerte in Deutsch-land belegen haben und umgekehrt.

F.   Die floating charge in der deutschen Kreditpraxis

Nachdem die zu Grunde liegenden Sicherungsrechte behandelt, erläutert und verglichen wurden, ist nun zu untersuchen, ob und wie in Anbetracht der immer größer werdenden Globalisierung das Sicherungsrecht der floating charge Anwendbarkeit auf den deutschen Kreditmarkt und auf das deutsche Rechtssystem finden kann. Dies vor allem deshalb, da auch in Deutschland der Grundsatz der Vertragsfreiheit gilt und somit eine vertragliche Ausgestaltung der floating charge theoretisch als möglich erscheint.

Denkbar sind zwei Ansatzpunkte bezüglich einer Anwendung der floating charge auf dem deutschen Markt und dem deutschen Rechtssystem. Zum

---

[203] Grädler, Die Möglichkeiten der globalen Belastung, Aufl. 2012, S.3

Einen ist das in Deutschland belegene Vermögen eines englischen Unternehmens zu betrachten, zum Anderen die theoretische Möglichkeit als Kreditinstitut eine ganzheitliche Sicherheit in der Form einer floating charge im deutschen Rechtssystem zu vereinbaren.

I. Anerkennung der floating charge im deutschen Recht

Gerade dadurch, dass die Wirtschaft der einzelnen europäischen Länder immer stärker vernetzt ist, ist es immer häufiger der Fall, dass Unternehmungen eines Landes auch Vermögenswerte in den Nachbarländern besitzen. Man stelle sich den Fall vor, dass eine limited company aus dem Vereinigten Königreich Waren und unfertige Erzeugnisse in Deutschland produzieren und im Anschluss in den Raum des Vereinigten Königreichs verbringen lässt. Zur Finanzierung des Ausbaus der Geschäftstätigkeit wurde durch ein Kreditinstitut des Vereinigten Königreichs ein Kredit ausgegeben und die Besicherung im Rahmen einer floating charge vereinbart. Diese umfasst, wie zuvor dargestellt, das Vermögen des Sicherungsgebers im Ganzen. Insoweit stellt sich die Frage, ob und wie diese in Deutschland befindlichen Vermögenswerte von der floating charge des Vereinigten Königreichs erfasst werden.

In der Lehre wird die Auffassung vertreten, dass die im Vereinigten Königreich ausgebrachte floating charge die Vermögenswerte in Deutschland erfassen kann, jedoch erst nach Verbringung in den Rechts- und Wirtschaftsraum des Vereinigten Königreichs Wirkung entfaltet.[204] Teilweise vertritt die Lehre aber auch die Auffassung, dass das gesamte Vermögen der englischen Limited auch innerhalb der Bundesrepublik Deutschland mit der floating charge besichert werden kann.[205]

Die weitergehende Frage ist, inwieweit und ob überhaupt eine floating charge an dem Vermögen einer in Deutschland tätigen Gesellschaft bestellt werden kann. Diese ist auch von Bedeutung für die deutschen Kreditinstitute, da diese

---

[204] Schall, Die neue englische floating charge…, IPRax 209-217, Kurzreferat
[205] Schall, Die neue englische floating charge…, IPRax 209-217, Kurzreferat

von einer Sicherheit in toto am gesamten Vermögen des Sicherungsgebers profitieren würden. Von entscheidender Bedeutung ist somit, ob die floating charge in Deutschland anerkennungsfähig ist oder nicht.

Wie bereits dargestellt ist eine Gesamtsicherheit dem deutschen Rechtssystem grundsätzlich fremd.[206] [207] Zudem unterfällt in Deutschland belegenes Vermögen grundsätzlich dem deutschen Recht. Es besteht jedoch die hypothetische Möglichkeit, dass eine Gesamtbesicherung am Beispiel der floating charge in Deutschland anerkannt und sodann auch entsprechend von der Kreditpraxis verwendet werden kann. Bei tiefergehende Betrachtungsweise kommt man jedoch zu dem Ergebnis, dass die Anerkennung der floating charge als Gesamtsicherheit zu einer Kollision mit dem unter Punkt B.II.2 geschilderten Bestimmtheitsgrundsatz des deutschen Rechts führt. Die besicherten Vermögensgegenständen müssen exakt bestimmbar und abgrenzbar sein, was der Rechtsklarheit im deutschen Recht dient.[208] Es können damit nur einzelne, bestimmbare Vermögenswerte eines Unternehmens im deutschen Recht besichert werden. Die floating charge hingegen stellt die Übereignung und Besicherung des Unternehmens per se dar.[209]

Die Unmöglichkeit einer Übertragung und Besicherung des gesamten Unternehmens nach deutschem Recht ist damit eine Ausprägung des Bestimmtheitsgrundsatzes und dient der Rechtssicherheit und Transparenz. Es ist daher nach ganz herrschender Meinung nicht möglich eine floating charge an in Deutschland belegenem Vermögen zu bestellen.[210] [211] [212] [213] [214] Sie ist somit auch nicht anerkennungsfähig.

---

[206] Münch, Die Insolvenzanfechtung in Deutschland und England, NZI 2005, 617
[207] Grädler, Die Möglichkeiten der globalen Belastung, Aufl. 2012, S.98
[208] Grädler, Die Möglichkeiten der globalen Belastung, Aufl. 2012, S.98-99
[209] Grädler, Die Möglichkeiten der globalen Belastung, Aufl. 2012, S.99
[210] Langenbucher, Zur Kreditbesicherung in Form der floating charge…, ZEuP 2006, 861, Kurzreferat
[211] Gummert/Beuthien, Münchner Handbuch des Gesellschaftsrechts, Aufl. 3, § 31, Rn. 81
[212] Just, Die englische Limited in der Praxis, Aufl. 4, Top. VIII.4, Rn. 257
[213] Erle/Berberich, Beck´sches Handbuch der GmbH, Aufl.4, § 1, Rn. 134
[214] Grädler, Die Möglichkeiten der globalen Belastung, Aufl. 2012, S.98-99

Eine Erstreckung der floating charge auf diese Vermögensgegenstände entsteht erst mit der Verbringung in den Raum des Vereinigten Königreichs. Zuvor unterfallen die Vermögenswerte dem deutschen Recht.

II. Möglicher Lösungsansatz in der Praxis

Wie herausgearbeitet wurde, ist eine Gesamtsicherheit an einem Unternehmen, nach dem Beispiel der floating charge mit dem deutschen Recht unvereinbar und nicht anerkennungsfähig. Es könnte jedoch möglich sein, in rechtskonformer Weise wirksam eine solche Belastung auf eine andere Weise zu erlangen.

Dies hätte enorme Auswirkung auf die bisherige Kreditpraxis, da Kreditinstituten viel bessere Befriedigungs- und Besicherungsmöglichkeiten erwachsen würden.

Um dies in der Kreditpraxis zu erreichen, müsste eine Kombination mehrerer einzelner Sicherungsinstrumente erfolgen. Aus der Summe dieser Einzelsicherheiten würde sich dann in der Folge eine Besicherung des Unternehmens in toto, ähnlich der floating charge, nach dem deutschen Recht ergeben.[215] Für die Praxis bringt dieser Ansatz jedoch erhebliche Probleme mit sich. Sicherungsnehmer müssten bereits bei der vertraglichen Vereinbarung sorgfältig auf die einzelnen Vermögenswerte eingehen und individuelle Sicherungsrechte für Mobilien, Immobilien, Forderungen und sonstige Gegenstände des Anlage- und Umlaufvermögens des Sicherungsgebers vereinbaren.[216] Dies stellt nicht nur einen erheblichen Mehraufwand in vertraglicher Hinsicht dar, auch bestünde die Gefahr einer Übersicherung des ausgereichten Kredits sowie der Gefahr Sittenwidrigkeit nach § 138 BGB aufgrund einer Knebelung des Sicherungsgebers wie anfänglich geschildert zu unterfallen.[217]

---

[215] Grädler, Die Möglichkeiten der globalen Belastung, Aufl. 2012, S.99
[216] Grädler, Die Möglichkeiten der globalen Belastung, Aufl. 2012, S.100 ff.
[217] Grädler, Die Möglichkeiten der globalen Belastung, Aufl. 2012, S.142

Auch wenn praktisch und theoretisch wohl durchsetzbar, erscheint diese Methode der Gesamtbesicherung eines Unternehmens doch eher als wenig praxistauglich. Gerade in den Fragen der Verwertung unterscheidet sich die geschilderte Konstruktion zu stark von den Möglichkeiten der als Vorbild dienenden floating charge. Während im Zuge der floating charge ein Gesamtverwertungsverfahren angestrebt wird, würden im Falle der geschilderten Kombination mehrerer Sicherungsinstrumente zahllose einzelne Vollstreckungswege eröffnet. Dies würde einen enormen Aufwand für den Sicherungsnehmer mit sich bringen.

Zudem wird im Zuge der floating charge auch der Firmenwert des Unternehmens selbst erfasst, was im deutschen Recht schlichtweg nicht möglich ist.[218]

Im Ergebnis ist demzufolge festzuhalten, dass die theoretische Möglichkeit einer Besicherung des Unternehmens in toto auch nach deutschem Recht zwar besteht, dieser Vorgang aber mit derart vielen Gestaltungsschwierigkeiten und Problemen behaftet wäre, sodass er für die Kreditpraxis wirtschaftlich wahrscheinlich schlichtweg als untauglich anzusehen ist. Dies vor allem deshalb, da ein solcher Ansatz letzten Endes dem angestrebten Ziel nicht in Gänze und dem Sicherungsrecht der floating charge als Vorbild nicht gerecht wird.

G.   Schlussbetrachtung

Sicherungsrechte sind auf den Kredit- und Kapitalmärkten der verschiedenen Länder ein wichtiges Konstrukt und nicht wegzudenken. Es gibt sie in den unterschiedlichsten Formen und Arten der Ausgestaltung, sodass nahezu alle denkbaren Konstellationen einer möglichen Besicherung abgedeckt sind. Gerade aufgrund der hohen Wichtigkeit für die gesamte Wirtschaft sind sie jedoch an starke Grundsätze und Richtlinien gebunden und sind damit regelmäßig Gegenstand der Rechtsprechung.

---

[218] Grädler, Die Möglichkeiten der globalen Belastung, Aufl. 2012, S.142

Aufgrund der stetig wachsenden Globalisierung ist auch das Kredit- und Kapitalmarktgeschäft durch grenzüberschreitende Sachverhalte geprägt, sodass auch Kreditinstitute sich ständig an diese Veränderungen im Kreditgeschäft anpassen müssen. Vor diesem Hintergrund war es Zweck dieser Arbeit, einmal zwei in der Kreditpraxis häufig verwendeten Sicherungsinstrumente aus Deutschland und dem Vereinigten Königreich darzustellen, zu vergleichen, vorhandene Schwierigkeiten aufzuarbeiten und Lösungsansätze zu bieten.

Auf der Seite der deutschen Kreditpraxis wurde das Sicherungsrecht der Raumsicherungsübereignung gewählt. Es handelt sich dabei um eine revolvierende Sicherheit, die alle Güter erfasst, die in einen zuvor bestimmten Sicherungsraum gelangen. Für die Einzelheiten wird auf Punkt B.II dieser Arbeit verwiesen. Entscheidender Vorteil der Raumsicherungsübereignung ist, wie bereits dargelegt, ihr ständig wechselnder Bestand an Sicherungsgütern. In den definierten Sicherungsraum gelangen durchgehende neue Güter, die sodann mit ihrer Einbringung dem Sicherungsrecht unterfallen. Auf diese Weise ist gewährleistet, dass für ein Kreditinstitut als Sicherungsnehmer immer ein gewisser Bestand an Sicherungsgütern vorhanden ist. Weiterer, wichtiger Vorteil der Raumsicherungsübereignung ist die mit ihr verbundene Möglichkeit, dass Umlaufvermögen des Sicherungsgebers zu erfassen. Dieser Umstand ist für ein Kreditinstitut besonders interessant, da im klassischen Sicherungsrecht in aller Regel zuerst das Anlagevermögen eines Unternehmens besichert wird. Es ist damit häufig der Fall, dass das Umlaufvermögen für ein Sicherungsrecht noch uneingeschränkt zur Verfügung steht. Der größte Nachteil der Raumsicherungsübereignung ist wohl in der möglichen Kollision mit einem Vermieterpfandrecht zu sehen, wie unter Punkt B.II.3 beschrieben. Liegt ein solcher Kollisionssachverhalt tatsächlich vor, so ist eine nachträgliche Bearbeitung und Lösung der Situation äußerst schwierig und kann zu einer Entwertung der Raumsicherungsübereignung führen. Gerade deshalb ist dieser bekannte Nachteil von Beginn an zu überwachen, um eventuelle Vorkehrungen zur Lösung frühzeitig zu treffen.

Eine Schlussfolgerung muss dahingehend lauten, dass die Raumsicherungs-übereignung vom Grundsatz her einen guten Ansatz verfolgt. Gerade das Umlaufvermögen wird von den anderen klassischen Sicherungsinstrumenten des deutschen Rechts zunächst nicht erfasst. Dies vor allem deshalb, da eine Besicherung aufgrund der hohen Anforderungen an die konkrete Bestimmtheit des Umlaufvermögens erheblich schwieriger erscheint. Genau dieses Problem bietet dann auch Raum für Kollisionssachverhalte, da der Bestand der Gegenstände des Umlaufvermögens häufig wechselt und ständig neue Gegenstände, welche durchaus auch belastet sein könnten, hinzukommen. Abschließend bleibt für die Raumsicherungsübereignung daher festzustellen, dass es sich um ein durchaus brauchbares Sicherungsinstrument für Kreditinstitute auf dem nationalen Markt handelt. Dies gilt jedoch nur, sofern Risiken von Beginn an überwacht werden und diesen entsprechend vorgebeugt wird. Sodann hat man ein Sicherungsrecht, dass in seinem Bestand regelmäßig variiert, dadurch werthaltig bleibt und meist noch zur freien Verfügung steht

Vergleichbar mit der Raumsicherungsübereignung des deutschen Kredit-sicherungsrechts ist die sogenannten floating charge des Vereinigten Königreiches, weshalb diese zur Gegenüberstellerung ausgewählt wurde. Wie auch bei der Raumsicherungsübereignung handelt es sich bei ihr um eine revolvierende Sicherheit. Die floating charge ist jedoch an keinerlei räumliche oder begriffliche Begrenzung gebunden, was einen großen Vorteil für die Kreditpraxis darstellt. Sie umfasst vielmehr das gesamte Vermögen des Sicherungsgebers und legt sich wie eine Decke darüber. Für die Einzelheiten wird auf Punkt C Bezug genommen. Problematisch bei der floating charge ist jedoch die Frage, wann die bereits unter Punkt C.III geschilderte Kristallisation erfolgt und welche Rechtsfolgen daran geknüpft sind. Unklare Bestimmungen zu diesem Punkt können zu einem Nachteil des Sicherungsnehmers werden. Nachteilig ist zudem, dass auch die floating charge im Falle einer Kollision mit anderen Sicherungsrechten zunächst zurücksteht. Im Gegensatz zur Raumsicherungsübereignung kann dieser Gefahr der Kollision jedoch effizient entgegnet werden, wie Punkt C.IV zeigt.

Die floating charge ist abschließend dergestalt zu bewerten, dass sie eine Besicherung des Unternehmens in Gänze, inklusive aller Aktiva und Firmenwerte, darstellt. Formerfordernisse oder vertragliche Besonderheiten sind hier nicht notwendig. Auftretende Kollisionssachverhalte können durch verhältnismäßig einfache Schritte, Punkt C IV, ausgeräumt werden. Sie ist damit für die Kreditpraxis sehr gut planbar. Ihr größtes Problem d, welches zugleich für die Raumsicherungsübereignung gilt, liegt in der Verwertung. Zwar sind die einzelnen Verwertungsvorgänge von unterschiedlicher Art und Weise, jedoch erfordern beide Sicherungsinstrumente eine regelmäßige Sicherungsüberwachung sowie eine Prüfung des Bestands an Aktiva und Passiva.

Letztendlich ist festzuhalten, dass sowohl mit der Raumsicherungsübereignung wie auch mit der floating charge zwei Sicherungsrechte vorgestellt wurden, die auf ihren nationalen Kreditmärkten regelmäßig und häufig zum Einsatz kommen. Betrachtet man sie unter den Kritikpunkten eines Kreditinstitutes, so erweist sich die floating charge als wesentlich umfangreicher und damit besser geeignet, den angestrebten Sicherungszweck zu erfüllen. In einer internationalen Betrachtung ist sie klar als geeigneteres Sicherungsrecht anzusehen, weshalb sie auch in mehreren Länder als Vorbild gedient hat, sodass in ihr eine Art Prototyp zu sehen ist.[219]. Auftretende Probleme können, bei vorheriger Beachtung, gut und sicher ausgeräumt werden. Aus diesem Grund ist der floating charge, in einer internationalen Betrachtung, der Vorzug vor der Raumsicherungsübereignung zu gewähren.

Nach dieser Feststellung blieb die Frage zu klären, ob und wie die floating charge im deutschen Recht Anerkennung und Anwendung finden kann. Letztendlich ist es die deutsche Rechtsprechung, die einer Anwendung der floating charge im deutschen Kredit- und Rechtssystem entgegensteht. Es konnte aber ein Ansatz herausgearbeitet werden, wie eine solche Anwendung theoretisch auch im deutschen Recht für deutsche Kreditinstitute erfolgen könnte. Für weitere Ausführungen hierzu wird auf Punkt F der Arbeit verwiesen.

---

[219] Grädler, Die Möglichkeiten der globalen Belastung, Aufl. 2012, S.3

Ob jedoch eine Anerkennung der floating charge nach dem deutschen Recht je erfolgen wird, erscheint zum jetzigen Zeitpunkt äußerst unrealistisch, zumal für deutsche Kreditinstitute mit der Raumsicherungsübereignung ein ähnliches Kreditsicherungsinstrument vorhanden ist, welches ein hohes Maß an Sicherheit bietet und für die meisten Zwecke im Kreditgeschäft als ausreichend erachtet wird und gegebenenfalls mit weiteren Sicherungsrechten kombiniert werden kann.

Literaturverzeichnis

Lehrbücher

- Claussen, Carsten Peter: Bank- und Börsenrecht, 4. Auflage, München 2008

- Eidenmüller, Horst: Ausländische Kapitalgesellschaften im deutschen Recht, 1. Aufl., München 2004, www.beck-online.de

- Farr, Carsten: Die Besteuerung in der Insolvenz, München 2005, www.beck-online.de

- Googer, Martin: Insolvenzgläubiger-Handbuch, 3. Aufl., München 2011, www.beck-online.de

- Graf von Westphalen, Friedrich: Vertragsrecht und AGB-Klauselwerk, 32. Ergänz., München 2012, www.beck-online.de

- Gummert, Hans/Beuthien, Volker: Münchener Handbuch des Gesellschaftsrechts, 3. Aufl., München 2009, www.beck-online.de

- Grädler, Thomas: Die Möglichkeiten der globalen Belastung von Unternehmen im deutschen Recht, Tübingen 2012

- Hirte, Heribert/Bücker, Josef: Grenzüberschreitende Gesellschaften, 2.Aufl., Köln 2006

- Just, Clemens: Die englische Limited in der Praxis, 4. Aufl., München 2012, www.beck-online.de

- Kindler, Peter/Nachmann, Josef: Handbuch Insolvenzrecht in Europa, 2. Ergänz., München 2013

- Krepold, Hans-Michael/Fischbeck, Sandra: Bankrecht, München 2009

- Linder-Figura, Jan/Oprée, Frank/Stellmann, Frank: Geschäftsraummiete, 2. Aufl., München 2012, www.beck-online.de

- Müller, Welf/Winkeljohann, Norbert: Beck´sches Handbuch der GmbH, 4. Aufl., München 2009, www.beck-online.de

- Nerlich, Jörg/Kreplin, Georg: Münchener Anwaltshandbuch Sanierung und Insolvenz, 2. Aufl., München 2012, www.beck-online.de

- Obermüller, Manfred: Insolvenzrecht in der Bankpraxis, 7. Aufl., München 2007

- Pannen, Klaus (Hrsg.): Sanierungsberatung, RWS-Skript 339, Köln 2005

- Schäfer, Hans-Bernd/Ott, Claus: Lehrbuch der ökonomischen Analyse des Zivilrechts, 4. Aufl., Berlin 2005

- Schimansky, Herbert/Bunte, Herman-Josef/Lwowski, Hans-Jürgen: Bankrechts-Handbuch, 4. Aufl., München 2011, www.beck-online.de

- Wabnitz, Heinz-Bernd/Janovsky, Thomas: 3. Aufl., München 2007, www.beck-online.de

- Weber, Hansjörg: Kreditsicherheiten, 7. Aufl., München 2002

- Weber, Klaus: Rechtswörterbuch, 18. Aufl., München 2004

- Wenzel, Frank/Gratias, Matthias: Allgemeine Fragen zur Kreditsicherung, Köln 2010

Kommentare

- Baumbach, Adolf/Hopt, Klaus: Handelsgesetzbuch, 35. Aufl., München 2012

- Beck'scher Kurzkommentar, Palandt: Bürgerliches Gesetzbuch, 69. Aufl., München 2010

- Boos, Karl-Heinz/Fischer, Reinfrid/Schulte-Mattler, Hermann: Kreditwesensgesetz, 4.Aufl., München 2012

- Braun, Eberhard: Insolvenzordnung, 5. Aufl., München 2012, www.beck-online.de

- Bunte, Herman-Josef: AGB-Banken und Sonderbedingungen, 3. Aufl., München 2011

- Münchner Kommentar zur Insolvenzordnung, Band 3, Internationales Insolvenzrecht, Insolvenzsteuerrecht, §§ 270-359, Aufl. 2, München 2008

- Uhlenbruck, Wilhelm: Insolvenzordnung, Kommentar, Aufl. 13, München 2010

Aufsätze

- De Weijs, R.J./Bärenz, C./Connel, E.J.R.: Financing in distress against security from an Englisch, German and Dutch perspective: a walk in the park or in a mine field?, IILR 2012,21, www.beck-online.de

- Ehricke, Ulrich/Köster, Malte/Müller-Seils, Carsten Oliver: Neuerungen im englischen Unternehmensinsolvenzrecht durch den Enterprise Act 2002, NZI 2003,409, www.beck-online.de

- Geis, Carsten, Praktische Liquiditätsplanung, http://www.carsten-geis.de/cg/info/liquiditaet.html, 05.12.2013

- Hundt, Irina/Grabau, Fritz-René/Stobinski, Bernd: Kreditwürdigkeitsprüfung und Bewertung von Sicherheiten, BC 2003,38, www.beck-online.de

- Langenbucher, Katja: England – Zur Kreditbesicherung in Form der floating charge – Zulässigkeit des prospective overruling, ZEuP 2006,861-868, www.juris.de

- Münch, Joel B.: Die Insolvenzanfechtung in England und Deutschland, NZI 2005,617, www.beck-online.de

- Riggert, Rainer: Die Raumsicherungsübereignung –Bestellung und Realisierung unter den Bedingungen der Insolvenzordnung, NZI 2000,241, www.beck-online.de

- Riggert, Rainer: Neue Anforderungen an Raumsicherungsübereignungen?, NZI 2009,137, www.beck-online.de

- Schall, Alexander: Die neue englische floating charge im Internationalen Privat- und Verfahrensrecht, IPRax 2009,209, www.juris.de

- Steffek, Felix: Wrongful Trading – Grundlagen und Spruchpraxis, NZI 2010, 589, www.beck-online.de

- Undritz, Sven-Holger: Rescue Culture und Unternehmenssanierung in England und Wales nach dem Enterprise Act 2002, NZI 2007,574, www.beck-online.de

Rechtsprechungsverzeichnis

- BGH, Entscheidung vom 12.02.1992 – XII ZR 7/91, www.juris.de

- BGH, Entscheidung vom 26.06.2008 – IX ZR 47/05, ZIP 2008,1437

- OLG Brandenburg, Entscheidung vom 16.01.2002 – 14 U 123/01, NJOZ
  2002,1826, www.beck-online.de

- OLG Frankfurt, Entscheidung vom 10.02.2003 – 10 U 122/02, BKR
  2003,870, www.beck-online.de